U0942569

在一起

胡敏华工作日志

南昌市卫生健康委员会　编著

江西科学技术出版社

图书在版编目（CIP）数据

在一起：胡敏华工作日志 / 南昌市卫生健康委员会编著 . -- 南昌：江西科学技术出版社，2022.2

ISBN 978-7-5390-8005-5

Ⅰ . ①在… Ⅱ . ①南… Ⅲ . ①胡敏华—日记 Ⅳ . ① K826.2

中国版本图书馆 CIP 数据核字 (2021) 第 266863 号

国际互联网（Internet）地址：http://www.jxkjcbs.com

选题序号 ZK2021389

图书代码 D21002-101

在一起：胡敏华工作日志　　南昌市卫生健康委员会　编著

出 版 人　温　青
策划编辑　温　青　徐晓锋
责任编辑　钱伟捷
书籍设计　张诗思
出　　版
发　　行　江西科学技术出版社
社　　址　南昌市蓼洲街 2 号附 1 号
　　　　　邮编：330009　电话：（0791）86623491　86639342（传真）
印　　刷　湖北金港彩印有限公司
经　　销　各地新华书店
开　　本　700 mm × 1000 mm　1/16
字　　数　216 千字
印　　张　16.75
版　　次　2022 年 2 月第 1 版
印　　次　2022 年 2 月第 1 次印刷
书　　号　ISBN 978-7-5390-8005-5
定　　价　55.00 元

赣版权登字 -03-2021-439

编写委员会

谨以本书

献给受“艾”困扰的人们。

艾滋病已不再是人们眼中的世纪绝症，而是可防、可控的慢性病。

让我们一道携手抗艾，共享生命。

胡[illegible]

2021 年 12 月

胡敏华闪光足迹

2009年 南昌市卫生系统先进工作者、南昌市优秀护士长

2010年 南昌市卫生系统医德医风示范标兵

2011年 南昌市卫生系统优秀共产党员、南昌市优秀共产党员、南昌市服务明星、南昌市红十字系统先进工作者、南昌南丁格尔志愿服务团先进个人、江西省优秀共产党员、江西省医德医风标兵、江西省优秀护士、“中国网事·感动2010”年度网络人物提名奖、江西省“我最喜爱的健康卫士”提名奖

2012年 南昌市五一劳动奖章、南昌市十大杰出女性、南昌市服务明星

2013年 江西省卫生系统先进工作者

2014年 中国南丁格尔志愿护理服务总队优秀志愿者、南昌市护理学会优秀志愿者

2015年 全国五一巾帼标兵、南昌市道德模范、全市优秀共产党员

2016年 中国南丁格尔志愿护理服务总队优秀志愿者

2017年 “第十八届英国贝利·马丁奖”、南昌市首届“洪城工匠”“2007－2017年优秀南丁格尔志愿者”(中国南丁格尔志愿护理服务总队)、全省卫生计生系统先进个人、医药卫生界生命英雄公卫先锋

2018 年 全国卫生计生系统“优质服务示范个人”、江西省首批莲丝信使、首届江西省红十字博爱大使、中国南丁格尔志愿护理服务总队“中国护士志愿精神贡献奖”“中国好医生好护士”2018 年 11 月月度人物，胡敏华抗艾志愿服务团获 2018 年度医药卫生界“生命英雄”志愿团队称号

2019 年 南昌市“兴家风、淳民风、正社风”榜样人物、中国南丁格尔志愿护理服务总队“中国护士志愿精神铸就奖”

2020 年 湖北省委、省政府授予“最美逆行者”，江西省委、省政府授予“江西省先进工作者”，江西省人民政府授予第二届“赣鄱慈善奖”最具爱心慈善楷模，江西省卫生健康委员会授予全省“百佳优秀抗疫护理工作者”，南昌市卫生健康委员会授予“南昌市优秀护士”，南昌市红十字会授予 2017—2020 年度红十字事业“突出贡献奖”

2021 年 国际红十字会授予第 48 届南丁格尔奖，全国学雷锋志愿服务“四个 100”先进典型宣传推选活动组委会授予“最美志愿者”称号，当选为南昌市第十四届政协委员、江西省第十五次党代会代表

© 2017 年 5 月，马丁 · 哥顿先生为胡敏华颁发第十八届贝利 · 马丁奖

贝利·马丁基金会
(英国慈善机构注册号 1 0 6 2 6 2 9)
Barry & Martin's Trust
(Registered Charity No. 1062629)

2017 年度贝利·马丁奖
BARRY & MARTIN'S PRIZE 2017

The Trustees of Barry & Martin's Trust have awarded Barry & Martin's Prize for the year 2017 to:
贝利·马丁基金会董事会将 2017 年度贝利·马丁奖授予:

Chief Nurse Hu Minhua

No. 9 People's Hospital, Nanchang City
Jiangxi Province, P.R. China

中国江西省南昌市第九人民医院

胡敏华 护士长

For her excellent work in caring for HIV/AIDS patients,
以表彰她为关怀艾滋病人所做的杰出工作

贝利·马丁基金会主席
马丁·哥顿
2017 年 5 月 10 日

Martin Gordon O.B.E.
Chairman
Barry & Martin's Trust
10 May, 2017

© 第十八届贝利 · 马丁奖奖状

© 2021 年 9 月，胡敏华先进事迹报告会在南昌举行

◎ 2017 年 12 月，江西省卫生健康委员会举办胡敏华同志先进事迹报告会

◎ 第 48 届
南丁格尔奖奖章

The International Committee of the Red Cross
awards to

Ms Minhua Hu

THE
FLORENCE NIGHTINGALE
MEDAL

This Medal was created by the Ninth International Conference of the Red Cross, which met in Washington in 1912. It is destined for presentation to Red Cross and Red Crescent nurses and voluntary nursing aides who have distinguished themselves by their exceptional dedication or exemplary services.

Geneva, *12 May 2021*

For the International Committee of the Red Cross
The President

ICRC

◎ 第 48 届南丁格尔奖奖状

◎ 在人民大会堂受奖

◎ 代表志愿服务队签名

◎ 在社区残障人士家中

◎ 在养老院照顾老人

◎ 胡敏华（后排左一）同章金媛（后排左五）等志愿者参加汶川地震十周年纪念活动

◎ 海峡两岸护理人员艾滋病防治培训班专家在温馨家园

◎ 2021 年 5 月 7 日，敏华志愿服务队接受南昌市红十字会授旗

◎ 在基层医疗机构防艾讲座

◎ 参加井冈山培训讲座

◎ 在江西农业大学做宣讲

◎ 在高校讲座

◎ 参加江西省红十字会党史学习教育宣讲

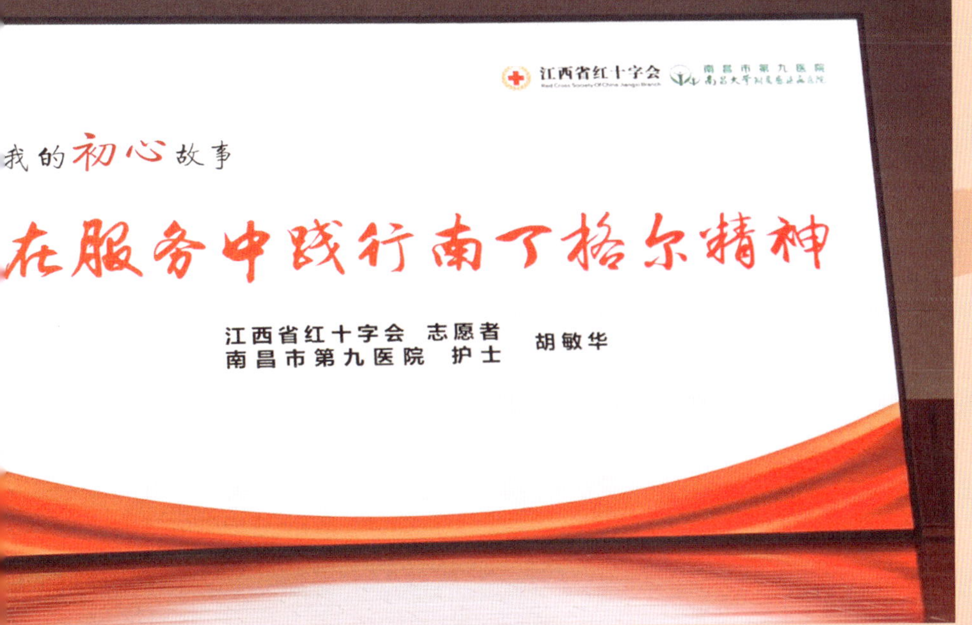

◎ 在萍乡宣讲

前言

自1985年首次发现艾滋病病例以来，我国就一直高度重视这一慢性传染病的医疗救治。2017年，党的十九大报告中提出了“健康中国”发展战略，艾滋病等传染病的防治工作更是受到广泛关注。南昌市第九医院作为江西省传染性疾病医疗质量控制中心、江西省艾滋病治疗中心，充分发挥传染病专科优势，将艾滋病救治与患者管理工作开展得有声有色。

然而，艾滋病不只是生物医学与公共卫生问题，还是比较严峻的社会文化问题。一直以来，艾滋病因其传播途径的特殊性，在道德尺度的衡量下存在被“污名化”的现象。艾滋病感染者和患者普遍遭受歧视，精神心理压力巨大，这无疑为疾病的常规治疗和病患生活质量的保障带来不可忽视的阻力。因此，具有专业的护理经验并且具备人文关怀精神的医护人员，就显得极为可贵。幸运的是，南昌市第九医院就有一批这样可贵、可敬、可爱的人，而艾滋病治疗中心主任胡敏华就是其中的佼佼者。

胡敏华本是一名年轻爱美还颇有些才情的柔弱女子，只因有丰富的护理经验，在2000年南昌市第九医院被确定为江西省艾滋病治疗中心时，作为泌尿科护士长的她便挺起了坚实的脊梁，扛下了“艾滋病门诊首任护士长”这一重担，并从此与艾滋病病患群体结下了不解之缘。

21年来，胡敏华冒着“职业暴露”的风险一直冲在最前线，病房里总能看见她忙碌但柔和的身影；她牵头开设“温馨家园”，为艾滋病患者提供交流平台，为其创建良好的心理环境；她开通“与艾滋病为邻”微博，在网络上书写日志，为艾滋病感染群体提供咨询窗口；她参加章金媛爱心奉献团，志愿服务社区居民，为其提供健康指导；她成立南昌市红十字敏华志愿服务队，把护理理念和健康关怀带到城市的边边角角……正是靠着专业的护理技术和质朴的人道主义情怀，她被评为“南昌市十大服务明星”，获颁“医药卫生界生命英雄”公卫先锋奖，荣获第十八届贝利·马丁奖，并走进北京人民大会堂领受国际护理界的最高荣誉——南丁格尔奖（第48届）！

泰山不让土壤，故能成其大；河海不择细流，故能就其深。胡敏华用她细碎但坚毅的步伐，在艾滋病群体顽强的生命征程中留下了浓墨重彩的印记！为了分享其心路历程，南昌市第九医院于2015年和2019年先后甄选了其百余篇微博日志，汇编成《在一起——防艾护士长微博日志》第一辑和第二辑，在医院内部进行交流，一经面世便获得广泛好评。如今，为了让更多读者有机会阅读，我们对之前两本书的主体部分（日志）进行了筛选和精编，保留了“艾友手记”部分，同时增添了2019年至今的微博日志，并纳入了胡敏华更多的思考与感悟，重新整理出一部精华集。在本书中，胡敏华记录的一个个简洁生动的案例故事和一段段富含哲思的私语，都显示了一名优秀医务工作者忙碌匆匆但暖意绵绵的工作经历，也体现了其对生命意义的思考、对艾滋病病患生存环境的忧虑，以及对“艾友”们满含深情的鼓励和拳拳的爱意。

诗并非只在远方，还在每个人的心中。期待这本小书能让读者理解并支持艾滋病病患群体，合力为艾滋病感染者和患者提供一个良好的社会心理环境，帮助其树立重返社会的信心。同时也期待那些身处生命低谷的人们能从书中得到温暖，重新找回人生的诗意！

目 录
content

第一章　与艾为邻：为爱搭建幸福庇护所

第二章　艾言爱语：生命里全是你爱的种子

第一章

与艾为邻：为爱搭建幸福庇护所

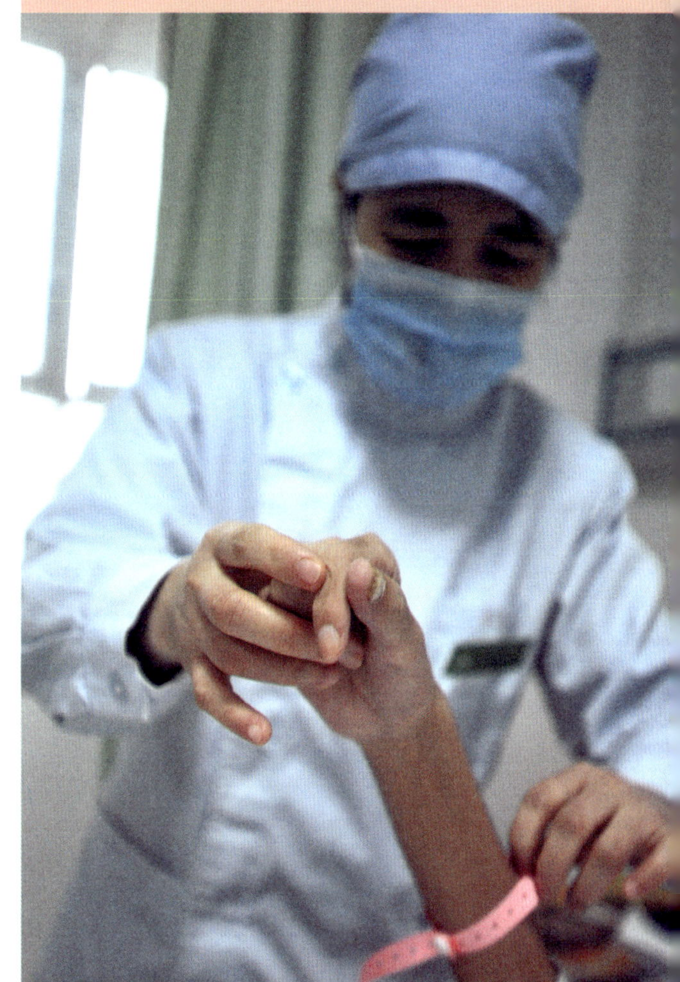

与艾滋病为邻

粉丝 7.4万　关注 1672

＋关注　私信

与艾滋病为邻

2020-3-31 来自 小米MIX 2 全面屏手机

“总会有相信你的人，他会看到你身上发光的地方。
在他看来，没有什么是你做不到的，他会在你的身后默默地支持你，鼓励你，关心你。
他始终是你最坚强的后盾。”❤

转发　评论　5

与艾滋病为邻

5-16 06:08 来自 小米MIX 2 全面屏手机

世界卫生组织总干事谭德塞博士说：“各国及其发展伙伴必须尽其所能，确保需要抗病毒治疗的人继续获得治疗。我们不能让COVID-19大流行破坏全球应对艾滋病毒领域来之不易的成果。”

转发　评论　7

与艾滋病为邻

5-19 06:26 来自 小米MIX 2 全面屏手机

#个案手记# 无论你遇见谁（包括病毒），他都是你生命中该出现的人。无论发生什么事，那都是唯一会发生的事。不管事情开始于哪个时刻，都是对的时刻。已经结束的，就已经结束了。希望我们每个人生命的底色是真诚和善良的，善待自己和他人，让自己健康快乐！❤

5　3　21

若没有你们作为载体，我们的爱如何延续？记住，为了爱你的人，你也爱一回自己——请珍惜来之不易的生命。

致秋梅

2010 年 11 月 10 日  星期三

早上见了你，看见你骨瘦如柴、毫无力气地躺在病床上，我心如刀绞。我无法想象这么些年来你是如何生活，如何熬到比苦更苦的！

还记得 20 世纪 90 年代末的时候，你风华正茂，嫁给了一个比你大几岁的男人。你以为那是你幸福的起点，不想，那却让你步入了痛苦的深渊，并且这个深渊没有穷尽……

我不知道你是否知道那个男人的斑斑劣迹，或许你是知道的，但是“传统”告诉你，守着那个男人是你的宿命。你为那个男人生儿育女，孩子们很可爱，你终于找到了另一个存活于世界的理由。可是命运似乎对你不公，不幸总是降临在你身上。那个男人吸毒、盗窃、抢劫……无恶不作，以至于都忘记了自己还是个人。终了，他把自己送入了监狱。你憔悴不堪，但没有被生活压垮，因为你知道，你还有孩子们！

那一年，你带着两个孩子四处流浪，却并不孤独，因为你有亲人的陪伴。但是，也在那一年，祸从天降，你的儿子全身溃烂，却总是治不好，以至于最终夭折。你晕倒了，迷失了方向，你说你痛不欲生。我多想抚摸你那布满皱纹的脸，然后将那些痛苦的记忆熨平啊！你收拾好儿子的行囊，想着随他而去，但是当你看着熟睡的女儿，你阻止了自己。你说：“女儿没有了父亲，没有了弟弟，不能再没有妈妈。”

日子举步维艰。凭借打工挣来的几百块钱，你们母女二人一个月也难得吃上一回肉。女儿身体虚弱，还经常生病。你对我说，女儿健康地活着便是你的全部，日子艰难点儿，总还是能过的。你没有为自己添置一件衣服，你把省下来的钱都给了女儿补充营养。

那个风雨交加的夜晚，女儿高烧不退，你在附近的诊所给女儿买了药，可是毫无效果。你把攒到的几千块揣在兜里，乘出租车送女儿到了儿童医院。一系列检查之后，儿童医院的医生建议你转到我们医院。起初，你并不知道为什么，而当得知女儿查出患有艾滋病的时候，你觉得天崩地裂。转院的车上，你欲哭无泪，你说你好像痛得麻木了，你说那一刻就算有把尖刀刺穿你，你仍不会感觉到一丝丝痛。

到达我院后，医生护士立即抢救你的女儿，同时，希望你去查查是否感染了艾滋病病毒。医生说，孩子才 6 岁，患上艾滋病应该是母婴传播。你回想起莫名死去的儿子，症状和女儿有几分相似，医生说怀疑儿子也是因艾滋病丧命。

结果出来的时候，你很镇定。想起吸毒的丈夫，你早已猜到结局。你不想去问任何人该怎么办，因为在你看来，已经不需要怎么办了。后来，女儿离你而去。再后来，你搬出了以前的家，独自租住在一间小房子里。2008 年，你吃过 3 个月抗病毒的药。后来，你从人间蒸发。我找过你，可是却没有人知道你在哪里。

再见到你，便是前天。你的房东打 120 电话并坐救护车将你再次送到我们医院。房东告诉我，他们不知道为什么你 20 余天没有音讯，打开房门的时候看见你静静躺在床上，呼吸微弱。房东说，可能你已经 20 多天没有进食过了。

当你被抬下车的时候，我第一眼便认出了你，医生和护士们也都认出了你。你知道看见你被救护车送来的那一刹那我有多心痛吗？你怎能这样不珍惜自己的生命呢？你是想通过这样的方式结束自己的生命吗？是不是这个世界早已没有值得你留恋的人和事了呢？

抢救，抢救！你好不容易活过来了，逃过了一劫。夜里，护士给你做治疗。护士一离开，你便拔去身上的针，任由血液流满白色的床单。我知道你是彻底绝望了，可是，你怎能如此糟蹋自己？为了让你活着，医院为你打开了绿色通道；你没有交一分钱，可是医生和护士还是全力救治你。你动弹不得，吃喝拉撒全在床上，护士便一口一口喂你吃，然后每隔两个小时为你换一次尿片。那天晚上，胡塔医生看到你没吃饭，便让自己的爱人为你送了一碗面。科里的医生、护士都时时刻刻关注着你，还在四处为你筹治病款……

我们是爱你的，你知道吗？还有这么多爱你的人，你怎能如此作践自己啊！我知道，命运对你是不公的，可是，既然活着，你还是应该好好活下去的！比如，你可以在清晨踏着露水去公园里散步，你可以写一首小诗感化轻生的生命……其实，你依然可以活在阳光下，并

胡敏华在照顾秋梅

且可以活得更强烈一些……因为，你还有我们的爱啊！你怎么就舍得抛却我们的爱呢？！

刚刚护士过来说，你又一次强行拔下了针，你拒绝吃饭。眼泪布满了我的眼眶，你看到了吗？眼泪布满了医生和护士的眼眶，你看到了吗？

秋梅，你名字里有“秋”也有“梅”，虽是走向寒冬，却也是该拥有“梅”之傲骨、该有抵御寒冷的勇气啊！秋梅，可不可以别再拔去可以延续你生命的针？秋梅，为了我，为了我们，请你好好爱自己一次，好吗？

除了秋梅，还有很多个同病相怜的患者，你们要知道，这个世界还有爱，这个世界不会因艾滋病的存在而抛弃你们！可是，这爱，首先必须来自你们自己啊！若没有你们作为载体，我们的爱如何延续？记住，为了爱你的人，你也爱一回自己——请珍惜来之不易的生命。

TIPS

艾滋病的医学名称为“获得性免疫缺陷综合症”（AIDS），是由艾滋病病毒（HIV）引起的一种严重传染病。

艾滋病病毒医学名称为“人类免疫缺陷病毒”（HIV），它侵入人体后破坏人体免疫系统的CD4淋巴细胞，并在细胞内不断复制，减少CD4淋巴细胞的数量，导致人体免疫系统全面崩溃，从而使人体发生多种难以治愈的感染和肿瘤，最终导致死亡。

我们都是平凡的人，有爱、憎、恶等种种情绪，也有自私的时候。能向自己坦白，明白及接纳自己的情绪，是承受各种风浪的第一步。

接纳自己的情绪，才能照顾好患者

2011 年 1 月 11 日  星期二

上周从外院转来了一名艾滋病患者老占。老占刚来时奄奄一息，他爱人小陈也感染了艾滋病病毒。小陈不能接受这一事实，整天不吃不喝，啼哭不止，更别说照顾老占了，甚至于“恶之欲其死”。

我们不停地劝说都无济于事。无奈之下，我和胡大夫找来了艾滋互助小组的义工小刘、小甘等，并邀请病友小伍夫妇也一起加入劝说小陈的行列，小刘甚至一日几次来医院为老占夫妇送募捐款。

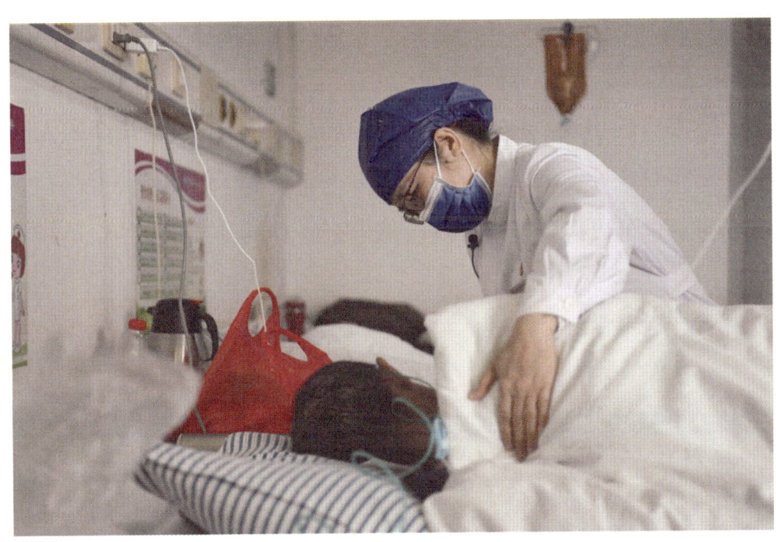

胡敏华安抚住院艾友

看到这么多人在关心、支持自己，小陈抗拒的心态也有所好转。她从一开始不停地向我们倾诉着她的经历、宣泄着她的情绪，到后来情绪慢慢平静下来，并开始计划每天为老占增加一些营养，为他们今后的生活做安排。老占的病情也在一天天好转……

生老病死本是平常，可我们总是不懂得如何面对疾病、面对死亡。而若是感染上艾滋病，就更让人手足无措。家人在面对患者的“病”与“死”之余，更要面对自己抗拒患者患病这一事实的情绪，或与患者共同承受外界的种种不友善，实在太沉重了！

那么，作为艾滋病患者及家人，需要怎么处理自己的情绪呢？是怨恨？是哀伤？是惊惶？家人需弄清楚自己的情绪来源，同时容让种种情绪的呈现——纵使是“恶之欲其死”或因照料的沉重负担而偶尔希望患者早日离世的感觉。但最终，我们需要做的当然是接纳。

毕竟我们都是一个个平凡的人，有爱、憎、恶等种种情绪，也有自私的时候。能向自己坦白，明白及接纳自己的情绪，是去承受各种风浪的第一步。

倘若你不是一个善于独处的人，向朋友或辅导员倾诉，都是适当的。若一家人应付不了，记着去寻求外界团体的协助。这个社会依然重视人与人的照顾与扶持！

艾滋病的出现，冲击着我们的价值观，也挑战了我们的人际关系，要面对及处理每一个挑战或危机绝非易事，但如果能经受住这些考验，一定可以得到一个重新认识生命的契机。

生命的旅途常常会有挫折和苦难，这时候一句安慰、一句鼓励会给你新的生机。

一个人跋涉时，要学会祝福自己

2011年6月22日  星期三

艾友（艾滋病病友）小刘因为又患上丙肝需要住院治疗，他妈妈先来医院为他办理好了一切手续，第二天才把腿脚不方便的他带来医院。为了患病的儿子能减少一点儿痛苦，妈妈总是尽自己最大的努力照顾儿子。每天上午，妈妈都会陪小刘一道来医院输液，输液期间也寸步不离，而且会随身带着小刘的注射药物以及一些防护用品。

今天，老周、老钟、老闵等几个老年患者相约来医院体检、取药，他们在病房碰见医务人员，会亲热地和我们打招呼，还会很高兴地坐在一起聊天、说笑。你很难把他们和"艾滋病患者"联系起来，这场景真让人欣慰。

病房每天都会有陌生的面孔加入，老、中、青患者都有，他们艰难地求医治病，日复一日、年复一年，精疲力竭、倾家荡产，甚至妻离子散。前两天来的小李和小辉的病情很严重，这两个小伙子都是刚毕业的学生，且只在外地工作了两三年，父母务农，家境贫寒。面对高额的医疗费用，他们的父母真的是"望洋兴叹"。

每每看到这些，都让人不得不感叹：幸福生活就是不生病、不缺钱、做自己爱做的事。可是，当自己一无所有、一个人跋涉时，如果没有人为你祝福，那就自己祝福自己。生命的旅途常常会有挫折和苦难，这时候一句安慰、一句鼓励会给你新的生机。

生活中会发生什么，我们无法选择，但至少，我们可以选择怎样面对。人生是一场独自的修行。勇敢一些，路的尽头一定有礼物。

再贵的良药，都不及你的乐观

2011年10月9日  星期日

国庆节假期间，艾友们进进出出，病房内笑容满面和愁云密布频繁交替，让我们忙碌不停。总觉着有做不完的事情，真希望一个小时能掰成两小时用。

前几天病友小万因高烧不退又来住院了，高大、英俊的小伙子也禁不住连续几天的“高温”，被整得蔫不拉叽的。他妈妈吓得不行，来回在病房、办公室穿梭，不时哭着问我们怎么办好。

今天小万没有发烧，人看上去精神很多，年轻小伙子恢复挺快的，早上见到我就问：“护士长，我吃不下饭怎么办？”

我告诉他一些方法：1. 吃一些平常喜欢吃的食物，可常备一些营养丰富的食品放在身边，有胃口时可以进食。2. 少食多餐，用餐时细嚼慢咽，以防胃太快充实。3. 少吃油腻食物。4. 在进食前不要喝太多液体，如水、饮料等，进食时喝少量液体，两次进食之间可喝一些汤。5. 进食完毕喝饮料要选有营养的，如牛奶、豆浆、酸奶等。6. 在放松的环境中和朋友一起边听喜欢的音乐边进食。

生活中会发生什么，我们无法选择，但至少，我们可以选择怎样面对。人生是一场独自的修行。勇敢一些，路的尽头一定有礼物。

痛苦使人清醒，可使日常运行中迟钝僵固的思维变得敏感；疾病可以启智，会使人有感悟生活的头脑和机会。信任并听从专家的意见，是理性清醒的行为，也是珍爱自己的表现。

虚心听从，是因为珍爱自己

2012年12月19日  星期三

今天，老朋友程师傅来医院复诊取药了。他自2004年开始服用抗病毒药物，至今身体状况一直很好，和我们一样正常工作、生活，孩子早已学业有成，有着可意的工作。这些年，程师傅对司他夫定（用于人免疫缺陷病毒感染者的联合用药）特别适应，听说明年药品可能有调整，他很是担心。

和程师傅同一年服药的老病友还有很多：老胡、老熊、小刘、小易、老何、小赵……他们依从性都很好，身体一直维持在最佳状态，感染艾滋病病毒后的生活也与之前无异。每次看到他们来医院复诊，热情地和我们交流，我的内心都感到无比温暖。

在某些情况下，病友在最初的治疗中不满意，是因为药物毒性、药物相互作用以及依从性差。是否需要更换药品，取决于病毒载量的水平（最好根据第二次病毒载量测试的结果）。是否更换治疗方案，需要经验丰富的艾滋病病毒临床治疗专家确定。

痛苦使人清醒，可使日常运行中迟钝僵固的思维变得敏感；疾病可以启智，使人有了感悟生活的头脑和机会。信任并听从专家的意见，是理性清醒的行为，也是珍爱自己的表现。

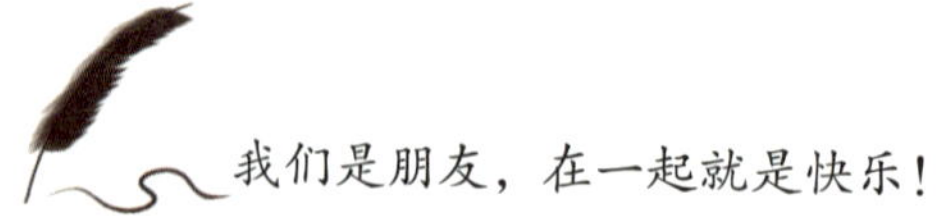

因为爱，我们在一起

2013年1月3日  星期四

2013年元旦，新年伊始，阳光明媚。一早我买好了水果，乘公交车去新建区（原新建县），参加由“江西省艾滋病援助小组”和“江西省彩虹之家”在南昌爱心驿站与艾滋病病毒感染者和患者“庆新年迎元旦”吃团圆饭活动，为“我们在一起”加油！

第一次到“爱温暖家园”，便感受到温馨、温暖！和想象中创始人小刘生活的地方一样，甚至在卧室还可见小刘的影子：墙上那两只憨态十足的熊猫，有一只特别像小刘的模样。小组志愿者与艾滋病友一起齐聚爱心驿站共庆新年。大家一起聚餐，娱乐，聊天，其乐融融，无话不谈。

很开心在驿站见到了有两年没见面的老朋友老胡，他是2004年在我们医院上药的“元老级”病友，情况一直很好。后来由于转诊就未再见过面。老胡还是老样子：健康、开心、热情、健谈……他是病友们的榜样，他常常发挥自身长处，帮我们做新病友的心理疏导。这不，午餐大家忙着庆贺、吃喝时，他还不停地和新病友小刘沟通。我和好几位初次见面的感染者沟通后，他们特别开心，很愿意和我交流、做朋友，有的甚至表示要转诊到南昌市第九医院来。朋友们对我的认可，也让我很开心。但我得冷静地奉劝大家：看问题要一分为二，很多现实的东西和预期愿望会相差甚远，在哪儿服药不是问题，关键在于你自己如何调整心态，保持良好的依从性；如何正确面对，做好自我控制。这才是硬道理！

在驿站的一角，我感受了“爱是最美的彩虹”，认识新朋友，尊重、理解、包容、和谐！

小组志愿者与艾滋病病友让我感动！驿站如一个爱心涌动的大家庭，让感染者和患者有了可以交流、倾诉的家园，在这里寻求到爱、温暖与快乐！2013年，我希望以南昌市南丁格尔志愿服务团义工身份多多参与志愿者与艾滋病病友的活动。

“我们是朋友，在一起就是快乐！”看到艾滋病病毒感染者和患者能在“爱温暖家园”和谐快乐地停靠、歇息，真心感动！祝福！

2013，让我们在一起！加油！

TIPS

HIV主要存在于人体的血液、精液、阴道分泌液和乳汁中，通过带病毒的体液交换传播。

唾液、泪液、汗液、尿液中病毒含量极低，不足以引起传播。

不要去焦虑太远的明天，因为焦虑不能解决任何问题，只会令现状变得更糟糕。

耐心点，焦虑只会让你冒进

2013 年 9 月 1 日  星期日

小张因肺孢子虫肺炎住院治疗时发现感染了艾滋病病毒。这段时间，看到同病室的“左邻右舍”都在抗病毒治疗，小张很着急，每天缠着医生要求尽快上抗病毒药，医生的耐心解释也改变不了他的固执。

着急治疗从某种意义上说也算是一件好事，说明患者珍惜自己的生命，对未来还充满希望，在将来治疗的路上也更有可能积极配合。但病友需要注意的是，抗病毒治疗并不是能够急于求成的。在开始抗病毒前，稳定一般状况通常更为重要，比如控制机会性感染等，而且还要确保病友对抗病毒治疗有高度的依从性。

艾滋病治疗需终生进行，这是十分挑战耐心和毅力的事情，不能三天打鱼两天晒网，因此需要患者保持平和的心态，正确看待治疗过程中可能出现的问题。当然，依从性教育包括有关抗病毒治疗和艾滋病的基础知识，同时还会告知病友在开始抗病毒治疗后可能出现的一些药物的副反应。

很多患者虽然备受疾病的侵扰，但是并不真正了解疾病，存在认知上的偏差，也正因此有时会信心倍增，有时会自我怀疑。而我们医护人员的职责就是在治病救人的同时调节患者心态，即告诉他们，既不能夸大疾病的危害，也不能忽视疾病可能造成的后果，而要在艰难时保持信心，在稳定阶段保持警惕心，遵照医嘱，积极而放松地配合治疗。

不要去焦虑太远的未来，因为焦虑不能解决任何问题，只会徒增压力，令现状变得更糟糕。与其颓废焦虑，不如冷静下来，听从专业人员的建议，认真思考、分析目前的处境，然后耐心而细致地做好自己该做的事情。

请相信，"坚持"真的可以创造奇迹

2013 年 10 月 4 日  星期五

昨天一早，病区走廊站着一位时髦的女生，非常漂亮，让匆匆而过的我们一个个都不禁回首，当时谁也没认出她是几个月前出院的小叶。

小叶出院后恢复较好，现已在外地工作。这次是趁国庆假期回来复查取药的。和住院期间判若两人的小叶让我们大家非常惊讶，想想就在几个月前，小叶还在病房里痛不欲生，每天哭闹不止，一点儿也不配合治疗，只想着放弃——一来是她对治疗这病没有信心，二来是因为家里经济条件差。但是她的父母一直不离不弃，默默承受着、坚持着。一天天，一月月……日子就这样跌跌撞撞过去了。值得庆幸的是，小叶终于从"亡命列车"里"死里逃生"了……

刚发现感染艾滋病病毒的人，往往会因为对疾病本身、对不确定的未来充满恐惧，同时自我价值感会完全丧失，此时如果医务人员或者身边的亲人能告诉他们规范治疗的积极意义，并帮助他们重新找到自我实现的目标、肯定其对社会的意义，他们的自我价值感和控制感就会恢复，也会对生活重新抱有乐观的态度。

也许，我们无法改变命运既定的轨道，但是至少我们有能力，为自己和身边的亲人好好地活着。坚持下去，你会看到奇迹！

我们深信，有共同理念的人和组织走在一起，有无私的奉献，必会发挥 1+1 大于 2 的效应。

因为分享，我们拥有

2013 年 11 月 30 日  星期六

11 月 28 日 19 时，由江西财经大学人文学院心益社和青年志愿者协会共同承办的“因为‘艾’更要爱”主题公益讲座，在江西财经大学麦庐园校区大学生活动中心举办。讲座的嘉宾是我和来自香港的“抗艾斗士”Ken 仔张锦雄先生。人文学院党总支书记杨尚勇，南昌市疾病预防中心的路亮和南昌在一起文化教育发展中心负责人修彬出席讲座。

杨尚勇书记对我们的到来表示热烈的欢迎。他说：“艾滋病在社会上越来越受到重视，我们应该行动起来，普及艾滋病知识，增强防范意识。”

路亮老师借西方感恩节这一特殊日子，对防艾工作人员和一直致力于关注这一领域的青年朋友表示感谢。

Ken 仔张锦雄作为一位患病 18 年的艾滋病病毒携带者，向我们讲述了自己与艾滋病的故事。“我还可以活多久？”这是大多数艾滋病病毒携带者会问医生的问题。Ken 仔张锦雄让我们重新认识了艾滋病——它不是世纪绝症。他播放了香港 20 世纪 90 年代倡导人们远离艾滋病的广告与台湾关爱艾滋病病毒携带者的宣传片，并告诉我们：恫吓式教育并未增加人们对艾滋病的认识，反而带给人们一种恐惧感。从 1995 年 12 月 27 日至今，友情、亲情、爱情给予 Ken 仔张锦雄的关

心与爱护，让他18年来勇敢地生活下来。现代的鸡尾酒式疗法更是为艾滋病病毒携带者提供了有效的治疗。讲座现场，Ken仔张锦雄为我们发起了“爱的抱抱”，数百名学生争先涌向讲台，拥抱了张锦雄。

除了江西财经大学学生之外，江西农业大学，南昌航空航天大学的同学也来到讲座现场。

11月29日下午和晚上，我们又分别在南昌航空航天大学、南昌大学前湖校区举行了两场“因为‘艾’更要爱”主题公益讲座，现场气氛活跃。

我们深信，有共同理念的人走在一起，必会发挥1+1大于2的效应。希望未来透过大家更多的交流互动，南昌会有更多高校开展性教育反歧视教育，让年轻一代与时俱进，推动社会不断发展进步。

TIPS

感染HIV的人是本病的唯一传染源，艾滋病病人、无症状的HIV感染者都是艾滋病的传染源。

我宁愿为自己的付出感到后悔，也决不愿在一时冲动放弃之后，为自己没有坚持下去的事情感到惋惜！

触底勇于反弹，就是锦绣雄伟人生

2013 年 12 月 7 日  星期六

昨晚，香港“彩虹中国”创始人 Ken 仔张锦雄来到北京师范大学，进行他内地十城巡讲的第 9 站演讲，与来自北京各个高校的同学们分享他与艾滋病共生的经历。

在大多数人看来，一纸艾滋病病毒阳性化验单无疑等于死刑判决书。然而，今年 38 岁的 Ken 仔张锦雄已经与艾滋病病毒共生 18 载。18 年间，他坚持做义工，创办致力于消除歧视、普及知识、为性少数群体平权的公益组织“香港彩虹”和“彩虹中国”，发起“真情拥抱艾滋”活动，在各地往返演讲。2013 年 12 月 1 日（世界艾滋病日）前后，Ken 仔张锦雄在中国内地开展“十城巡讲”，北京是他的第 9 站。

“快到平安夜了，然而对我来说，‘平安夜’并不平安。”谈起遭遇艾滋的经历时，他这样讲道，“1994 年的平安夜，沉浸在失恋伤感中的我，与一位外籍男性发生了一次不安全的性行为。直至 1995 年底，由于 3 个月的持续发烧、腹泻、呼吸困难，我被送进医院。也就是在这时，我被确诊为艾滋病病毒阳性。那时我的 CD4 数值只有 8。”

Ken 仔张锦雄的语气非常平静——的确，18 年后的今天，他看上去非常健康阳光，充满了幽默感与无限活力。

Ken 仔张锦雄介绍，他做义工时，遇到来寻求帮助的艾滋病病毒

携带者中，有相当大的比例是青少年——多为大学生，甚至还有许多高中生。他们大多进行过不安全的性行为。

Ken 仔张锦雄强调，任何时候进行性行为都要采取安全措施。如果决定妊娠，应在妊娠前让双方都进行血检——这样做更深层的意义在于帮助我们养成良好的习惯。在输血、看牙医时，一定要去正规医院，并问清楚血液来源，注射器具是否彻底消毒。虽然目前还没有有效治愈艾滋病的方法，但艾滋病并非“死刑”，只要找到适合自己病情的药物并坚持服用，就可以将体内的艾滋病病毒数量控制在极低值。也就是说，坚持服药，艾滋病患者完全可以和健康人一样平安度过一生。

当晚在播放南昌胜利路步行街“真情拥抱艾滋”活动的视频后，Ken 仔张锦雄走下台来说：“我是艾滋病患者，有没有人愿意和我拥抱？”几乎所有观众都离开座位，排着队同他拥抱并相互鼓励，场面温馨感人。

一位来自某大学的男生提出希望 Ken 仔张锦雄给自己和异地恋的男友录制一段祝福时，见多识广的 Ken 仔张锦雄瞠目结舌：“今天来到北师大，看到你们将海报做得那么大那么显眼，我已经十分惊讶了——在香港我们都不大敢这么开放。而这个男生，居然带给我更大的震撼，你勇于在这么多人面前公开自己的身份，太了不起了！北京的同学真是让我刮目相看。”

Ken 仔张锦雄说：“我宁愿为自己的付出感到后悔，也决不愿在一时冲动放弃之后，为自己没有坚持下去的事情感到惋惜！”

在这里，我接触到了一个全新的领域，了解多元性别，学习很多知识，认识很多朋友……有更多尊重、理解、包容、爱与接纳。

爱与接纳，让海角天涯如近在咫尺

2014 年 6 月 5 日  星期四

5 月 30 日—6 月 3 日，在西安曲江国际会展中心 A 馆，我参加了第六届西安性博会。

金城千里，天府之国，兵马俑、古城墙带我走进了一个拥有千年历史的帝王之都。5 月 29 日晚，@ 艾 __ 有戏和爱之家志愿者们请我和 Ken 仔张锦雄、Tommy 一道共进晚餐，品尝西北菜肴的风味。之后我们去了西安市第八医院病房探访病友，和医院医务人员交流、探讨艾滋病相关问题等。

5 月 30 日，曲江国际会展中心第六届西安性博会开幕，我们在现场学习、感受多元性，现场还有很多“同志”组织的义工，有各种的展板和免费发放的材料，让我们有了不一样的收获。Ken 仔张锦雄的五场分享会上，除了他的演讲外，还与我、@ 艾 __ 有戏和 Tommy 进行对谈，让观众对艾滋病和同性恋有更正面的认识。我上台给西安的公众分享了在艾滋病病房工作 14 年的非常经历——这是西安性博会第一次请到临床医护专家到性博会现场给大家分享医护人员眼中的艾滋病和艾滋病患者！

在多元性别展区，聆听了董婉婉“爱与接纳”的分享，第一次认识“同志”妈妈，并认真阅读了现场《认识“同志”》等资料，收益颇

多。这些丰富的资源对我们无助的“同志”病友妈妈很有帮助，我会把他们带给南昌的“同志”病友妈妈们。

下午展区活动结束后，和 @ 艾 _ 有戏去参观了向往许久的“爱之家”工作室。干净、整洁、大气的工作室里应有尽有，又认识了好多爱之家的朋友们，和他们就像老朋友一样聊着天，讨论着各种话题，很舒适、愉悦。晚上我们和爱之家的朋友们在一起聚餐，用各地方言为他们中的一位朋友庆生。接下来的几天晚餐后，我们都和 @ 陕西爱之家 2004 的志愿者们在爱之家一起交流、探讨，其间不时会有感染者和 @ 艾 _ 有戏联系，希望能与 Ken 仔见面咨询，辛苦的 Ken 仔张锦雄都尽力满足……当然也会有咨询者尽管已经到了“爱之家”楼下，却因为害怕而放弃离开的。

6 月 2 日是端午佳节，我们和西安的朋友们在爱之家一起度过。晚上近二十位朋友们相聚在 @ 陕西爱之家 2004，大家围坐一起，以沙龙的形式交流、探讨、分享、感受，气氛特别活跃、融洽、愉快。希望通过地域交流，今后南昌的感染者民间组织能如 @ 陕西爱之家 2004 一样成长。

离开西安前匆匆赶至唐都医院，@ 艾 – 有戏带我和 Ken 仔张锦雄、Tommy 到医院感染科探访。

西安性博会，第一次让我接触到了一个全新的领域，了解多元性别，学习很多知识，认识很多朋友……有更多尊重、理解、包容、爱与接纳。

我们无法改变命运既定的轨道，但是至少我们有能力，为自己和身边的亲人好好地活着。哪怕明日生命将要走到终点，今日，依旧要像花儿一样怒放！

处在低谷，仍要像花儿一样怒放

2014 年 6 月 23 日  星期一

一早刚上班，就被来医院复诊的小木“阿姨，阿姨”地缠着。小伙子今天是来复诊取药的，他很是兴奋，拉着我聊他出院后的生活和工作中有趣的事，还拿出手机要我给他在病区拍照留影。

已经两次从抢救室闯过“鬼门关”的小木今天还特意穿了一套新衣服，说是为庆祝自己重获新生而准备的，并表示还要到病房帮助其他病友。小木真的说到做到，取完药后他就直接来到病房为病友做心理干预，不失时机地和病友分享自己的经验，讨论病程经历和感受。他的快乐心情也感染了病房中的众多病友，让大家看到了艾滋病患者也能回归到正常生活的希望。

小伙子比两个月前精神了许多，又帅气又开朗，生活、工作已步入正轨，让我们悬着的心终于落定。病友身体复原后可以参加力所能及的工作或劳动，这样不但可以使生活更加充实，也可以通过在工作中与同事的交流放松情绪。

真心为他高兴！我们无法改变命运既定的轨道，但是至少我们有能力为自己和身边的亲人好好地活着，就算在最不幸的处境之中，我们也可以把好处和坏处对照起来看，从而找到聊以自慰的事情。

哪怕明日生命将要走到终点，今日，依旧要要像花儿一样怒放！

能在异地相聚、学习、咨询、畅谈，大家都非常兴奋、开心，收获很多，也释然不少。

很幸运，防艾路上我们结伴而行

2014年8月23日  星期六

一大早，我和胡塔医生坐火车赶往九江，参加一堂由北京佑安医院专家主讲的课程。来到会场时，专家授课刚刚开始。从各地来听课的病友很多，意外地发现其中有不少熟悉的面孔。大家彼此融洽地聚在一起聆听专家的讲授，了解抗病毒药物治疗的相关知识等。

课间时，大家聚集在一起聊天后，才知道尽管今天是九江地区的感染者活动，但是在南昌治疗的病友知道消息后，都互相转告，大家很珍惜这样既可听课又能交流的机会。于是他们有的结伴而行，有的单独前往。能在异地相聚、学习、咨询、畅谈，大家看来都非常兴奋、开心，收获很多。特别是一些还在沮丧、困境中的病友，来到会场得到大家的支持与鼓励，亲身感受现场满满的正能量，一个个都释然不少。

再一次强烈感受到，艾滋病绝不只是一个医学问题，而是更为复杂的社会学问题。我们医务工作者承担的功能也不仅仅是治病救人、普及相关知识，还有在社会支持不足的情况下，力所能及地给予心理支持和资源援助，让患者产生信任感和归属感。平时，我们可以有针对性地面向艾滋病高危人群如同性恋社区、高校大学生、吸毒人群和进城务工人员普及艾滋病知识，宣传正确的性教育观，切断艾滋病传播途径，对已经感染者提供必要的治疗咨询和情感沟通场所，让他们

尽早且规范地接受治疗。

在会场还意外见到了白桦林联盟的主创人白桦和艾滋病工作者常坤。如久别重逢的朋友，大家在一起有聊不完的话题，也有碰撞不息的思想火花。期待着我们未来的合作顺畅，能为当前的环境做出一些改善。

生活从来就不是平坦的大道。坚持下去，没有迈不过的坎，没有越不过的壑。

坚持下去，是对爱你的人负责

2014 年 9 月 9 日  星期二

今天门诊进行免费体检。事前已经通知到在医院建档抗病毒治疗的病友，所以一大早门诊就拥挤热闹起来了。一眼望过去，居然来了很多我已许久不见的病友。大家热情地与我们打招呼，彼此之间相互问候。六个月、三年、五年、十年没见的病友都来了，他们一个个都健康快乐得让人无从辩认。看着这些熟悉的名字、陌生的面孔，我凭着病房、床号、爱哭、好笑等片段的记忆把他们串联在一起，居然还是能八九不离十地对上号来。

来抽血体检的病友有上百号人，楼上楼下都排起了长队。胡塔医生更是忙得不可开交：找病历、开检查单、编号写瓶、询问咨询……我跑上跑下地帮忙，招呼着抽血的人，为年老体弱、行动不便的病友应急抽血。

抽完血的新老病友们并不急着离开，而是围在我身旁，护士长长、护士长短地问这问那，还有几个很长时间未见的老病友，拉着我聊起了他们在外地的工作和生活，向我分享着他们的快乐。

看着他们开心的样子，再想想他们当年在病房住院时的那些日子，我不禁百感交集，谁能相信他们曾经是那么煎熬、那么痛苦地挣扎过。因为艾滋病这个标签，他们一度恐惧会被关在社会的门外，与人交往都是小心翼翼如履薄冰。如今，在我们医院，他们仿佛感受到家

的温暖，因为这里没有歧视，只有尊重；没有敌意，只有友善。他们其实是很好相处的人，并不像某些新闻中报道的那样蓄势报复社会，他们只是需要被像普通人那样公平对待，只要社会肯接纳他们、支持他们、肯定他们的价值，他们仍是这个社会中平凡却有用的一些人！

而对于病友来说，必须相信，生活从来就不是平坦的大道，总有一些曲曲折折。坚持下去，没有迈不过的坎，也没有越不过的壑。

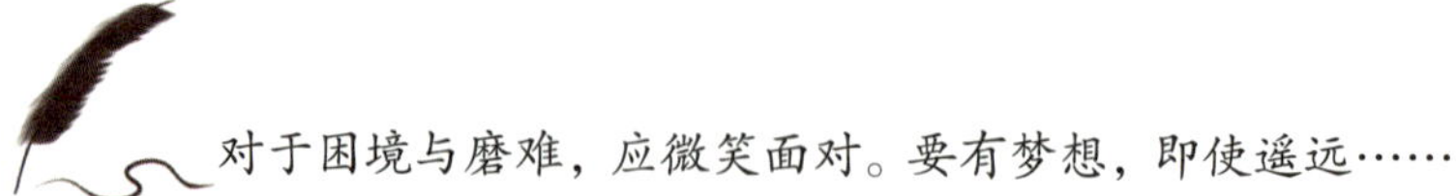

目光向外，度过人生低潮期

2014 年 9 月 10 日  星期三

在医院门口，刚好碰到帅的妈妈买饭回病房，驻足谈及帅的情况，帅的妈妈愁容满面，心痛不已。因为病情反反复复，帅的情绪像坐过山车一样，极端时甚至拒绝治疗，让家人无所适从。

我劝慰帅的妈妈，给她分析帅的矛盾心理，帮助她学会认同、理解帅的心理情绪，让她给予帅更多的支持和鼓励，与我们一道支撑帅走出困境。

志愿者小谭专程从九江赶来，到病房探访帅。小谭邀请几位病友和家属来到帅的病房，大家聚在一起，畅所欲言，交流着各自的治疗体会和经验。也许是这种融洽、温暖的气氛感染了帅，他终于开口了，尽管话语不多，至少迈出了可喜的一步。帅的妈妈把小谭拉到一旁致谢，眼泪已在眼眶中打转。

志愿者的理解和支持会让病友看到被社会接受的希望，也能让他们感到自己并非被社会抛弃的一群人，所以在志愿者的干预中，他们更能找到认同感和存在感，也更有勇气和信心接受规范治疗。因此期待更多的志愿者加入进来，为社会创造更为和谐稳定的生活环境。

生活总有些不如意，怎样度过人生的低潮期？锻炼身体；和知心朋友谈天，回忆快乐的时光；多读书，看一些传记，瞧瞧别人倒霉的时候是怎么挺过去的；趁机做家务，把平时忙碌顾不上的活儿都干完……这些都是可取的办法，只是不要消极封闭自己。

生命中最有分量的部分，正是我们要做好自己，承担自己该承担的所有责任。

定一个目标，寻找自己的幸福感

2014年10月11日  星期六

上午和情绪低落的小马交谈了许久。糖尿病、梅毒、艾滋病让他纠缠其中，双眼视力的不断下降更使他几近崩溃。不忍年迈、沉闷的父亲每天为他的住院费奔波、苦恼，担心自己以后的生活将会成为家人的负累……谈及这些种种，小马痛哭流涕，不能自已。

自身身体状况很差、愧对家人、对未来生活的恐惧等一直困扰着每个艾滋病患者，但是这一般也都是由他们的认知偏差造成的。比如，因免疫力低而导致疾病治疗疗程延长、易复发，难以抵抗其他病毒的入侵，或者治疗过程中出现药物副作用，都会让他们觉得治疗无效而对身体康复失去信心；由于艾滋病治疗需花费巨大的精力和钱财，且疾病常与性、道德等问题捆绑，因此会觉得不仅连累家人，还让他们跟着丢

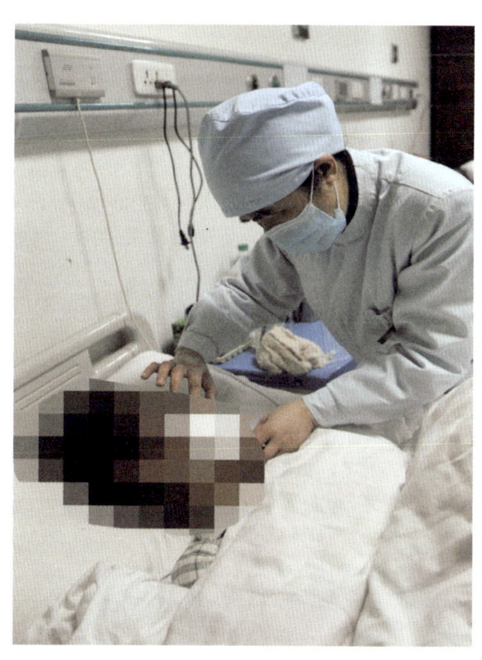

胡敏华安抚住院艾友

脸，所以会产生极端的愧疚感；更为重要的是，由于疾病需终身治疗，所以患者对未来生活顾虑重重，担心难以恢复健康重返社会……因此，我们医务人员和志愿者不仅需要提供或者帮助链接医疗资源，还要提供专业的疾病信息支持，以纠正他们的认知偏差，帮助他们恢复对生活的信心。同时期待社会能接纳、支持他们，给他们重返社会的希望和机会。

当然，更重要的是病友要珍视自己的生命，努力寻找自己生存的意义和目标。每个人都会有必须要面对的难题，如何化解、调整是仁者见仁，智者见智的。归根到底，面对突如其来的遭遇，我们只能重新认识、归因、比较自己，然后每天给予自己一个切实可行的意志目标，去寻找属于自己的小幸福感。做一个有责任心、懂得感恩的人，为自己、为家人努力去过好之后的每一天，如此就好。

生命中最有分量的部分，正是我们要做好自己，承担自己该承担的所有责任。

TIPS

正确使用安全套，可以减少感染艾滋病、性病的危险。一贯地、正确地、使用合格的安全套。

安全套的使用看来简单，但如果不注意一些细节，就会增加使用避孕套的失败率，增加感染艾滋病、性病的危险，必须严格遵循以下几点:

（1）选择合格的安全套，有效期内、标准生产、阴凉干燥处密封贮存。

（2）小心打开包装。

（3）挤出顶端小囊里的空气。

（4）性交前，自勃起的阴茎滑下套上，一直带到阴茎根部。

（5）阴茎射精后疲软前捏紧安全套开口端，抽出阴茎。

（6）将用过的安全套打结或用卫生纸包好丢至垃圾桶，洗手。

少年像花儿一般含苞待放，渴望享受到甘甜雨露和温暖阳光。

少年如花，愿岁月温柔以待

2014年10月13日  星期一

前几天，一位年轻的妈妈带着孩子从老家来医院治疗。4岁多的孩子瘦弱得看上去只有2岁大小，全身真菌感染，一双眼睛机警地左顾右盼，小手始终拽着妈妈的衣角，并不哭闹或欢笑。可怜的孩子，他即将开始与多舛的命运作抗争了。

听孩子的妈妈介绍，孩子名叫亮亮，是在老家刚发现的感染者。爸爸患病已去世，妈妈检测发现感染病毒，亮亮也相继查出感染，由当地转诊来南昌治疗。

亮亮的妈妈现在还没有开始抗病毒治疗，看着病痛中的孩子，她心急如焚，和我们谈及孩子就低头垂泪、伤心不已，而懂事的亮亮会拿出纸巾为妈妈拭泪，乖巧得让人心生怜悯。

亮亮这几天情况挺好，每天上午治疗完后会一个人静静地在病房外走廊上玩耍，妈妈做着自己的事情，他时不时会去看看妈妈，然后又继续玩自己的游戏。医生已经和亮亮妈妈确定了孩子的抗病毒治疗方案，服用抗病毒药物后亮亮就可以出院回家了。孩子还很小，一定需要大人的监护，所以我很详细地给亮亮的妈妈做依从性教育和孩子的营养支持指导。

这些天，每每看到孩子纯净但充满警惕的目光，我的心都仿佛被针扎了一样难受。孩童时期本是个性不断完善成长的过程，也是学会

自我认知、自我评价并锻炼交往能力的重要时期，而艾滋病的污名却与疾病本身伴随着他一生，怎能会不影响他的心理和身体健康成长？

想到他父亲已经因此丧生，而母亲也被感染；想到他在未来成长的过程中将面临更多的危险因素，我不由得心酸慨叹：希望亮亮的妈妈能把自己和孩子照顾好，规范接受治疗，然后尽可能给孩子更多的爱，多关注孩子的心理情绪，给他积极的心理暗示和认识指导，让孩子感觉到被爱、被重视、被期待，以便其更有勇气和信心抵抗成长过程中的苦痛和非难！也期待社会给予艾滋病儿童更多的关心和支持，给他们创造一些阳光、温暖的生活学习场所！

少年像花儿一般含苞待放。多么期待亮亮和所有孩子一样，能享受到甘甜雨露和温暖阳光，能像花儿一般灿烂绽放。

TIPS

（1）专科医院对HIV感染孕产妇全程管理，如进行抗逆转录病毒药物干预、安全助产等可有效实现母婴阻断。

（2）尽量人工喂养，避免母乳喂养，杜绝混合喂养。如不具备人工喂养条件，需要在整个哺乳期内坚持抗病毒治疗，喂养时间最好不超过6个月。

（3）新生儿出生后尽早服用抗病毒药物。

让情绪多些流动的渠道，身体和心理一致时，你才会感到放松和舒畅。

心口一致，让生命回到放松状态

2014 年 10 月 26 日  星期日

许多痛苦都是因为“不一致”造成的：想法与行为不一致，说话与表情不一致，语言和动作不一致……身体的很多不适，都与心理状态有直接的关联，不知不觉中会增加心理负担，所以了解自己的心理状态，及时察觉自身所存在的问题极为重要。好在身体提供了一个可靠的通道，帮助我们找回真实的自己。

我们在成长的过程里，被各种禁令要求，被各种道德束缚，所以不敢表达真实的情绪，尤其是负面的情绪；或者虽然强烈感受到不满和委屈，却碍于情面要装出笑脸，时间长了连自己都摸不着真实的自己在哪里。我们一度深陷“存天理，灭人欲”“养心莫善于寡欲”的曲解里，以为摒弃七情六欲，消灭人的欲望，才是“正人君子”。殊不知，古代先贤只是要消灭过度的欲望，不提倡为了过度的欲望而泯失天性而已。所以，对正常的欲望和合情合理的情绪，要坦承接纳和疏通，如果长期选择压抑和忽视，身体语言就会发出警告。当个体行为出现“怪异”或者渐渐失去控制，当健康指标屡闪“红灯”时，这些都是在提醒我们——我们的心理负荷太重了，需要打理清扫了。

那么如何打扫呢？那就是让情绪多些流动的渠道，让压力有个释放的出口。身体和心理一致时，你才会感到放松和舒畅，你才能在充满迷雾的生活中找到真实的自我！

更多时候，人需要用意志力去调节和支配行动，有意识地确立目标，并通过克服困难和挫折去实现。

调整心态，你会重新找到归属感

2014 年 11 月 4 日  星期日

昨天在病房做过心理干预的新病友，今天又有些情绪低落。他一直不能释怀放下的问题就是：我到底感染了多久？我还能活多久？这两个问题其实都毫无意义，因为你知道或不知道答案，都于事无补。而正是这两个问题，总困扰着大多数的新病友，他们日夜纠结，不能很好地调整心态去积极应对身体的变故。

均衡是保持健康状态的基础，包括身体和心理。长期纠结带来的心理压力，会使人体的营养素失去平衡，例如维生素 C 和钙就会在人感受到压力时大量流失。压力也会使身体的水分流失，容易出现皮肤干燥、暗沉等情况。所以，病友平时除了日常保证充足的饮水量，也要注意多摄取富含维生素 C 的果蔬，如青枣、柚子、橙子、山楂、柿子椒、油菜等等。

更多时候，人需要用意志力去调节和支配行动，不能总让莫名的焦虑情绪或者没有意义的琐事控制自己的大脑。如果实在挥之不去，那就做些对身体健康或者未来生活有意义的事情。比如为自己制定一个规律合理的作息时间表，在配合药物治疗的基础上制定一个有益于身心的康复计划，尝试恢复或改善自己与家人、朋友的关系等等，都会有助于病友找到自己的生存价值。在确立短期、长期目标后，一步步克服困难和挫折努力去实现，就会重新找到存在感和社会归属感。

母爱是伟大的，之所以谓之伟大，是因为她不容一丝自私。

因为爱，更要慎重抉择

2014年11月12日  星期三

在门诊，不间断地会有些年轻病友来咨询感染后的怀孕事宜。两天前，来复诊的虹，眼含泪水哭着告诉我意外怀孕了，不知道该怎么办才好，因为种种缘由，婚后生活矛盾重重，是否生育难以抉择。

很多病友想找个伴成个家，有的也想生育自己的小孩。有这些想法都无可厚非，但怀孕之前必须确定自己的病情已经稳定，并咨询医生是否需要更换抗病毒药物，毕竟有些药物对胎儿有损害。如果想找非感染者做伴侣，应当充分尊重对方的知情权，并保障对方的健康安全。

大家都知道艾滋病是会通过性生活和母婴传播的，很多感染艾滋病病毒的女性在怀孕后最为关心的一个问题，就是自己的宝宝会不会传染艾滋病？

据统计，在不进行母婴干预的情况下，婴儿的感染概率为25%–30%，而在进行干预的情况下，婴儿的感染概率最低可降到2%（当然，也并不是百分之百的保险）。因此，夫妻一方或双方是艾滋病病毒感染者的，已经怀孕的妇女，必须在医生的指导下进行母婴阻断干预。

母爱是伟大的，之所以谓之伟大，是因为她不容一丝自私。为了宝宝的健康，在慎重抉择的同时，请务必谨遵医嘱。

公众所能做的，主要是不歧视艾滋病病毒感染者和艾滋病患者。如果您在艾滋病知识、咨询、心理学、宣传工作、临床护理等方面受过培训，欢迎加入志愿者队伍当中来。

不歧视，请让爱一视同仁

2014 年 12 月 1 日  星期一

12 月 1 日是世界艾滋病日。下午，门诊来了一位爱心市民，主动找到我们说想为病友献点爱心，可不知道该如何做才好。和她交流沟通许久，普及了一些艾滋病相关知识以及病友的心理特征等。这位大婶是一直热心于公益志愿服务的人士，所以她听得很认真，还仔仔细细地用小本子记下一些注意事项。献爱心并不局限于形式，对艾滋病知识多了解、多宣传、多关注，为病友营造宽松的生存环境就很值得点赞。

提起艾滋病，许多人的第一反应是避而远之，肯定不会主动靠前。然而对勇敢的艾滋病志愿者来说，艾滋病患者在他们的眼中，比其他病患更需要安慰和温暖。

预防艾滋病，你我同参与。一个身体健康、有爱心的人，究竟能为艾滋病患者做点什么呢？

据了解，从国内目前的情况来看，公众所能做的，主要是不歧视艾滋病病毒感染者和艾滋病患者，大力宣传预防艾滋病知识。此外，一些专门收治艾滋病患者的医疗机构会公开向社会招募志愿者，为这个特殊的弱势群体提供一些具体的爱心志愿服务。如果您在艾滋病知识、咨询、心理学、宣传工作、临床护理等方面受过培训，欢迎加入志愿者队伍当中来。

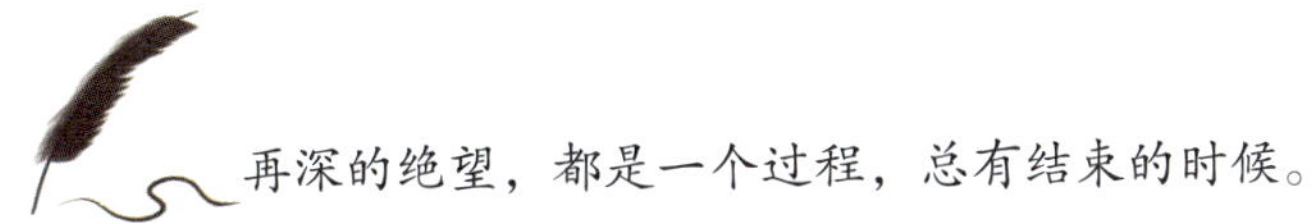

再深的绝望，都是一个过程，总有结束的时候。

鼓起勇气，机遇或许就在下一秒

2014年12月5日  星期五

一位年轻病友已经上药1年了，可远在外地的父母仍不能接受这个事实。今天上午他的母亲赶来医院寻求帮助，一直在哭诉的母亲觉得自己对孩子有亏欠，长年在外做生意的他们很少和孩子团聚，以致孩子从小性格孤僻、倔强，遇到难题总是自己默默承受，很少和父母沟通交流。而这次是生病检查时确认感染艾滋病病毒的，让一贯倔强的孩子几近崩溃，万幸他在第一时间选择告知了父母实情，让父母深感欣慰。

我帮这位母亲对孩子的病情做了分析，在艾滋病防治知识等方面做了指导，也给出了一些建议。希望这些能帮助父母齐心协力同孩子一起调整心态，积极面对疾病的困扰，为孩子提供多一些朋辈的社会支持系统，帮助孩子尽快成长，切实做好自我控制管理，积极配合治疗。

父母的态度对孩子的影响比他们想象中重要得多，孩子对世界、对自我的认知以及习惯的养成首先就是来源于家庭。病友年纪轻轻就感染此病毒，并且性格孤僻、倔强，想必与原生家庭脱不了关系。好在他的父母已经意识到自己的错误，在想办法尽力弥补，这是不幸中的万幸。期待和谐的父子、母子关系能让他恢复对未来生活的信心，父母深切的关怀能鼓起他面对病魔的勇气，能抵御生活给予他的苦难和寒霜。

再深的绝望，都是一个过程，总有结束的时候，回避始终不是办法。鼓起勇气昂然向前，或许机遇就在下一秒。

若我们从负面事件中习得乐观和豁达，再多的不幸，也无法伤害到我们。

习得性乐观是最好的保护伞

2014年12月6日  星期六

高中还没有毕业的涛，因为全身出现皮疹到医院就诊，确认感染了艾滋病病毒。对疾病不甚了解的他得知自己被感染的事实后，禁不住掩面哭泣，父母亲痛心地看着涛，不知所措。

我坐下来和涛耐心沟通，谈及疾病、药物、感染者、志愿者、身边的病友等等，帮助他了解自己的病情，思考制定近期目标，引导他慢慢走出内心境遇。

像涛这样非遗传于父母的青少年的感染，基本是由于无知的高危性行为或者血液传播导致的。很明显，在他的知识系统里，相关的性教育和安全教育没有跟上。在青少年这个对性、对被禁止的事物抱有强烈探索欲的年龄阶段，如果缺失青春期教育、性教育以及安全教育，会让青少年迷失方向，无法判断自身行为可能造成的后果，也难以为造成的后果负责，从而犯下无可挽回的错误。所以，不管是家庭还是学校，在孩子走向社会之前，要把应该给予的教育补上，让少年们既要有一往无前的勇气，也要有理性做事的谨慎和勇于承担一切后果的责任和担当！

但是，当无可挽回的事情发生后，病友也要学会从每一个负面事件的背后，寻找到它光明的意义，比如如果不是患病，很多病友可能并不知道家人如此深爱自己；如果不是患病，可能一辈子都不懂得感

恩；如果不是身体不适，可能一辈子都不会“有时间”陪伴家人……没有人会因此庆幸生病，更没有人会感谢生病，但确实可以从生病中发现它的积极意义。从另一个维度看问题，或许可以把自己从精神困境中拯救出来；用包容的眼光看待每个负面事件，我们或许会有全然不同的、崭新的视野。

若我们从负面事件中习得乐观和豁达，再多的不幸，也无法伤害到我们。不仅如此，我们还能从中获得力量和新生。

TIPS

老年艾滋病患者的家庭护理：

对于备受心理压力和病痛折磨的老年艾滋病患者，家人应更具有爱心和耐心，除了督促其保持药物依从性，还要疏导其情绪，帮助其均衡饮食，并助其养成规律健康的生活方式。

（1）是加强有效沟通交流。老年艾滋病病人普遍有自卑心理，他们本来已经为年纪大需要子女照顾而不安，因患艾滋病需要照顾时，且有可能已经传染给伴侣时，会产生更多的愧疚心理，因而会悲观、绝望，痛不欲生。此时家人应给予更多的心理和情感支持。由于老年患者的思维能力较弱，反应缓慢，因此在交流时应予以更多耐心和安慰，帮助其排解悲观愧疚的压力和情绪，让其以放松的心态积极配合治疗。

（2）是保证患者营养均衡、合理膳食。合理膳食是艾滋病患者保证营养均衡、提高免疫力的重要因素之一。但是老年患者由于咀嚼功能退化、肠胃消化功能变弱，吸收能力也相对较差，因此在饮食方面更建议其少量多餐，相对多食用高蛋白、高营养食物。

（3）是进行适当的运动护理。艾滋病患者常需要卧床休息，老年患者体力不支更常如此。这样一来，其机体运动量较少，就会降低免疫力，从而削弱抗病毒能力。因此，保证老年人有一定的活动量也是十分必要。比如，在其精神较好时适当扶起下床走动几分钟，如果可行的话，还可到户外呼吸新鲜空气。

良好的社会、家庭、同伴的支持，可帮助老年艾滋病病人保持积极和努力的态度应对危机，有助于病人自我控制。

每个人都需要关爱，每个人都可以给予他人关爱，这样的世界才温暖。

信念会因爱而燃起

2014 年 12 月 9 日  星期六

香港的志愿者 Ken 仔张锦雄几乎每一次来南昌，都会到我们医院探望住院的感染者。今天下午，Ken 仔张锦雄、刘九龙、修彬等在晚上高校巡讲前仍抽空赶来病区探望病友，针对不同的病友进行宣教、疏导和干预。Ken 仔张锦雄的南昌之行总是让我受益匪浅，学到很多，这样的志愿者也总是让人感动。

因为社会歧视加上自身的原因，有多半的感染者是在病发时才被查出感染病毒的。如果这个时候自己意志力不够强，或者家人、伴侣、朋友因恐惧离他而去，又或是因为缺钱没法获得好的治疗，都可能让他就此没法出院了！而这个时候就需要有志愿者这样的同伴教育给予他们及时的关爱，毕竟被人关爱是一种美好的享受。

有研究证明，“亚文化首领中心模式”对于艾滋病患者的干预起到重要的作用，即明星、权威人士深入艾滋病的宣传教育公益活动中，艾滋病病毒感染者和艾滋病患者会更容易接受，而普通人出于从众心理，会改善内心对感染者和患者的刻板印象，继而也会予以同情和理解。像 Ken 仔张锦雄、刘九龙、修彬这样的志愿者，俨然已经成了艾滋病病友心中的“英雄”，他们在医院的慈善探望和在高校的宣讲活动，既普及了艾滋病相关知识，又拉近了患者和普通人群的距离，减少了大众对艾滋病病友的误解和歧视，为艾滋病病友创造了一个友善、

和谐的生活场所和文化氛围。

每个人都需要关爱，每个人都可以给予他人关爱，这样的世界才温暖。期待南昌的同伴教育组织能快速地成长起来，让病友能更多地感受到来自社会的支持和关爱！

持久有规律地进行适当的运动，对病友的健康状态大有益处。

习惯良好，才有良好的人生

2014 年 12 月 16 日  星期六

天气寒冷，病房的艾友也增加不少。有些艾友住院时间长，每天保持同一个姿势躺在床上，少于活动，对于护士的督促提醒也总是不屑，让人十分担忧。

坚持有规律地进行适当的运动，对病友的健康状态大有益处。艾友们白天输液治疗的确会限制活动，可活动方式却可以灵活变通：如能起床者，治疗前可在家属的协助下到走廊适当活动活动，治疗开始后在病床上定时翻身，让肢体适度伸展或收缩。

提醒大家一定要保持健康的生活习惯，这对感染者更为重要。要想拥有可控的未来，必须先有可控的现在。保持良好的生活习惯，给身体营造利于恢复的环境，是治疗获得良好效果的基础。良好的生活习惯包括但不局限于饮食均衡、作息规律、运动适量、心态积极等，只要对身体恢复有益，都应该努力做到。

值得注意的是，病友们在医院治疗都只是暂时的，出院之后必须自己做好健康管理。也许短期内你看不见身体的回报，但长期坚持终有一天身体会让你微笑。对于医护人员的提醒和唠叨，病友们一定要重视：按医嘱服药，保持良好的依从性，规律均衡饮食，注意休息，定期复诊检测，和经治医生保持密切联系等，身体若有不适必须随时就诊，切记！

医护人员所有的苦口婆心，只不过是想换回病友一些平安和安稳。医患的目标从来都是一致的，根本不应出现矛盾，我体谅你的担忧焦虑，你体谅我的良苦用心，彼此配合把病治好，咱们就是彼此成全的美邻！

76岁的马丁·哥顿先生和86岁的章金媛女士都在用心书写着爱的温暖，不同国籍的两位老人用同样的方式播撒大爱。

奉献，让他人因你而快乐

2015年1月16日  星期五

昨天，医院迎来了英国贝利·马丁基金会创始人马丁·哥顿先生一行。此次来访问的还有英国玛丽·基诺斯基金会伊丽莎白·石友思女士，贝利·马丁基金会全球理事张忠誉先生、刘杰先生，贝利马丁基金会项目顾问&白桦林全国联盟负责人白桦，贝利马丁基金会项目顾问&河北爱之光关爱组负责人慕容枫（贝利马丁基金奖获得者）；同行的还有北京地坛医院感染中心主任赵红心，北京地坛医院红丝带之家主任王克荣。

终于见到马丁·哥顿先生了！非常感谢贝利马丁基金会一行的各位老师及北京地坛医院专家赵红心主任和王克荣主任来医院指导、探

马丁·哥顿先生（中）来南昌市第九医院考察并看望患者

访、沟通、分享，为南昌地区的防艾医务人员进行培训授课，和医院艾滋病友们亲切座谈，耐心解答各种问题。

今天上午，我又陪同马丁·哥顿先生一行前往章金媛爱心团的爱心工作室访问。章金媛主任、王克荣主任、马丁·哥顿先生进行了精彩分享、沟通，马丁·哥顿先生和伊丽莎白·石友思女士现场捐赠8000元人民币给章金媛爱心团。随后大家在南昌市洪都中医院进行了访问、互动。

76岁的马丁·哥顿先生和86岁的章金媛女士都在用心书写着爱的温暖！不同国籍的两位老人用同样的方式播撒大爱，让我们感动并且钦佩！章金媛主任和王克荣主任同是南丁格尔奖章获得者，一直是我们护理人员努力的楷模！

人的生命何尝不似一棵苹果树，医者、患者及家属，这些相遇在医院里的陌生人，都在用真心浇灌着它。

一次援手，挽救一个生命

2015年1月24日  星期六

今日，我和医院志愿者小张、江西彩虹之家志愿者小谭在杨家厂社区参加了章金媛爱心团的周六社区志愿服务。像这类志愿服务我们参加多次，但每次都能感受到不同的震撼和感动。

活动结束之后我们相约去南昌市第一医院，探望刚做完手术的艾滋病病友小肖。见我们到来，小肖和他的爱人特别开心，和我们聊及病情、家庭、生活、转诊的艰辛等等，他们表示特别感谢章金媛爱心团志愿者一直以来的帮助、支持和鼓励！

一个多月前，小肖因病需要做外科手术，却由于他的艾滋病病毒感染者身份求治时到处遭拒，疾病的痛苦和求医的阻隔让小肖和家人万念俱灰。

志愿者小谭了解情况后，联系到章金媛爱心团的志愿者李老师，希望他可以帮助小肖找到医院就诊。李老师二话没说，在南昌市第一医院跑上跑下为小肖协调住院，联系手术医生，终于解决了长期困扰小肖的顽疾，让身处绝境的病友能够坚强地活下去！

人的生命何尝不似一棵苹果树，医者、患者及家属，这些相遇在医院里的陌生人，都在用真心浇灌着它。愿我们的社会也能为它提供充满养分的土壤，减少歧视、偏见和排斥，让这棵苹果树能在众人的呵护下茁壮成长，以轻松、惬意的姿态开花结果！

父母的情绪来源于自己的见解和执着，你改变不了的时候，就先接受。因为你可以控制自己的心情，学会包容、理解和放下。

慢慢来，理解也需要时间缓冲

2015 年 1 月 31 日  星期六

“第二届江西‘同志’亲友恳谈会”在南昌市江大南路永生现代宾馆举行。“同志”亲友会活动现场，来参会的有志愿者、感染者、同性恋者，更有“同志”母亲们出席与大家进行分享。在现场我们一起聆听了九江 @ 磊磊妈妈 L、南昌小强妈妈、鹰潭可妈妈分享她们孩子“出柜”的经历。这次“同志”亲友恳谈会活动让我们在座的每一位收获到感动、感恩、尊重、平等和多元的价值理念！

面子重要，还是孩子的幸福重要？很多人会抱着质疑的态度看待同性恋者父母对孩子“出柜”的态度。也就是说，在价值文化多元化的趋势下，虽然我们的主流文化依然不支持同性恋，但有部分人已经感觉到了恋爱的不平等和性价值取向的不被尊重，所以会控诉同性恋者的父母在孩子乞求自由时仍强势地要求孩子保存脸面。确实，当自己的情感诉求不被父母接纳，甚至被无情压制时，这对孩子的内心是一种巨大的伤害，父母们与其强势压制，不如平和地接纳，毕竟比起面子，孩子的幸福要重要的多。

需要提醒各位父母的是，孩子的同性恋身份有可能是先天因素造成的，也有可能是后天环境成就的，与其一味责怪孩子，不如先反思自己的教育理念，是否曾给孩子的心理造成了巨大压力，是否曾经对

孩子遭受的外界压力没有重视，以至于孩子对性行为的认知出现了偏差，最终成为同性恋者。所以，当孩子年幼的不幸遭遇留下心理创伤而偏离父母的期望时，父母应该做的是情感补救，接纳孩子的一切，然后与其一起成长。

但是对于同性恋者而言，也应理解父母的认知偏差，毕竟他们的认知来源于他们那个时代的文化，当他们有偏见和执着，而你又改变不了的时候，就先接受。因为你可以控制自己的心情，学会包容、理解和放下，你期待父母这样的时候，自己要先学会这样。

不要急，慢慢来，父母终究会走出来的。

TIPS

预防母婴传播的方法有：

（1）预防育龄妇女感染HIV。

（2）妇女怀孕前或怀孕早期进行HIV抗体检测。

（3）已经怀孕的感染者采取母婴阻断措施，减少垂直传播几率。

（4）艾滋病病毒抗体阳性的孕妇在分娩前应服用抗病毒药物。

（5）分娩实行剖腹产或产道消毒，婴儿出生后立即服用抗病毒药物。

我们每天都在做很多看起来毫无意义的决定，但某天某个决定就能改变我们的一生。

生命是自己的，除了负责别无选择

2015年2月1日  星期日

今天上午，小良的妈妈和姐姐来医院了。小良擅自停药近1个月，他妈妈不知道该怎么办了。我给了她们一些服药建议、饮食指导以及肢体功能锻炼指导等，还和小良的妈妈约定去家访抽血的时间。祈愿小良能渡过难关。

小良是2013年夏天确认感染艾滋病病毒的，家在农村的小良是家里“继承香火”的唯一男孩，得知此事时父母姐姐们痛不欲生。尽管如此，全家人还是倾其所有地救治性命垂危中的小良，母亲更是寸步不离地守护在小良的身旁，精心调理，照顾小良的饮食起居等。经过几个月的治疗护理，小良奇迹般地站起来了，并康复出院回家进行抗病毒药物治疗。

由于依从性不好，小良在家擅自停服了抗病毒药物，他的身体便反反复复出现感染……因为天寒地冻，小良不方便来医院，我随同小良的姐姐到了他家，给小良抽血，复查血常规、肝肾功能等。面对躺卧在床的小良，我和他讲起了其他艾友的故事。也许是相同的遭遇引起了小良的共鸣，他居然答应重新服抗病毒药了。走出小良的家门，小良的妈妈紧紧地握住了我手，泪水止不住地夺眶而出，哽咽着向我致谢。

我们每天都在做很多看起来毫无意义的决定，但某天某个决定就能改变我们的一生。生命是自己的，除了必要的担当，更该为自己活着。

孩子今后的路还很长，得让他自己一步一个脚印走下去，尽早放手，才能让他学会管理好自己的未来生活。

及时放手，是妈妈的必修课

2015年2月12日  星期四

今天是我们南方的小年，病房的十几位病友都要办理出院手续回家过年，看他们面露喜色，我也很开心。

在他们出院前，依从性教育是工作重点，包括服药、饮食、休息、锻炼、复检等。我们要求病友们回家后养成规律的健康生活，保持良好的依从性，做好自我控制，定期回来复检。这些要求看似简单，要坚持做好却很不易，所以每次我们都是再三提醒。

9床的大男孩是在外地上大学的学生，确认感染后回老家省城来治疗并服用抗病毒药物。因为一些缘故，我们推迟了他的出院日期。这几天，在医院陪伴他的妈妈有些焦急——已近年关，离家在外多时，家里的年货还没有备下，想先回老家却又担心着孩子的自控力……

可怜天下父母心！我相信，绝大多数的父母都是爱孩子的，甚至爱他们胜过爱自己。但是很多父母却不懂得放手，总是对他们各种不放心，以为拴在自己眼皮底下才是最好的保护。殊不知，这样久了不但会限制他们探索未来的勇气、对自己行为承担责任的能力，还会助长他们的逆反心理。

因此，给妈妈们一些建议：孩子今后的路还很长，得让他自己一步一个脚印走下去，要相信他有能力做好自我控制，尽早放手，才能让他学会管理好自己的未来生活。

疾病灾难有时能让家人之间的关系更加紧密，但终究是人们的悲哀。因为在疾病来临之前，大家都很忙，不愿麻烦别人，也会因为别人的麻烦而失去耐性。

托付和接纳，让爱流动起来

2015 年 3 月 24 日  星期二

服药近半年的艾友 W，春节期间在家头疼不适好几天，缓解以后感觉没事，也未联系医生看诊处置。谁承想，元宵节前两天他突然在家昏迷不醒，家人手忙脚乱地叫救护车送来医院，让医护人员好一阵抢救忙乎。

头痛、发烧、噪声都让 W 几近崩溃。昨天，我们特地为他更换了病房，W 终于睡了个安稳觉。这次住院，W 老家的几个哥哥姐姐已经知道了他的病情，他们轮番来医院守护，小心翼翼照顾着弟弟，唯恐闪失。

疾病灾难有时能让家人之间的关系更加紧密，但终究是人们的悲哀。因为在疾病来临之前，大家都很忙，不愿麻烦别人，也会因为别人的麻烦而失去耐性。可是我们都是喜欢群居的人啊，我们的社会属性和心理文化表明我们是需要关爱的，家人的爱、朋友的爱以及陌生人的爱。所以，在共生的社会环境里，没有人能独善其身，与其踽踽独行，不如抱团取暖。

担心给别人带来麻烦的病友也无需有过大的心理负担，要相信家人对自己的爱，相信自己平安健康，就是家人的愿望，就在给家人减负。提醒各位病友，出现身体不适等症状要及时联系经治医生或去医院就诊看医生，不要轻信网上的问诊结果或想当然地处理，以免延误治疗。

别人再多的努力都抵不过自己坚强的意志，对自己负责，勇于承担自己的责任，才是正确爱自己的方式！

对自己负责，才对得起爱你的人

2015年4月10日  星期五

病房住了个越南籍病友梅。她入院时瘦瘦、黑黑、怯怯的，虽然看似很机警，却对所有的事情并无反应，平时也只和她丈夫沟通。我们都以为梅听不懂中文呢，谁料两三天后她在门诊大厅遇见我时，居然用熟练的中文和我打招呼，还说了一番感谢的话……

但是医院里的氛围并非总那么轻松，更多的时候展现的都是人间疾苦。比如来了好几天的颖，就总让我们担忧。她白天在病房总不见人影，医生查房也碰不上。我们询问临近床位的病友，病友说她总是来去匆匆。昨晚值班查房时，我好不容易在电梯边“逮”到她，和她交谈时了解到，原来她因为害怕碰见熟人而不敢露面，连病情变化也不和医生沟通。无奈，我只好叮嘱她上午一定要等经治医生查房看诊完毕才能离开。

还有刚转诊来的Z和W，他们年轻帅气，却均已确认感染艾滋病病毒几年了。让人惊讶的是，他们对如何监测自己的病情竟一无所知，以至出现各种机会性感染，频繁在当地住院、转诊治疗，自己受苦不说，家人也跟着受折腾。

提起“不听话”的莉，更让人忧心。她这些天都需要戴着面罩吸氧，说话十分艰难，像刚跑完跑马拉松赛一样，因此她几乎不能与人交流。这已经是她第二次因此症状住院治疗了。我曾和家属沟通莉的

用药情况，家属说她只吃了半个月抗病毒药物就停了，怎么也不肯来医院复诊取药。唉，就是因为依从性太差，才会反复进出医院啊，真让人忧虑！

其实，不管是害怕见到熟人不敢露面治疗、确认感染不及时治疗，还是治疗过程中依从性太差，本质上都是对艾滋病没有正确地认识，或者说没有充分认识艾滋病的危害，因此存在侥幸心理，把面子、时间等看得比疾病本身还重。希望感染者们能珍爱自己的生命，重视自己的身体状况，积极地利用各种渠道获取有效的疾病信息，以弥补对疾病认识不足的问题，继而及时规范接受治疗。而各地疾控中心工作人员和我们医护人员，则需要更加重视患者的咨询教育和依从性教育，让他们更早一点、更多一点接触正确信息。当然，想改变他们的既定观点和既有偏见不是一朝一夕的事情，我们得有更充分的理论准备和更丰富的治疗经验，才能让他们看到疾病的危险性和配合治疗寿命能等同于常人的可能性。

当然，别人再多的努力都抵不过自己坚强的意志，对自己负责，勇于承担自己的责任，才是正确爱自己的方式！

接受并正视，才是解决问题的唯一出路

2015 年 4 月 29 日  星期三

半个月前，门诊来了一对由市区疾控中心转诊来的老年夫妇，他俩一直不停地相互指责、谩骂，甚至在诊室里大打出手。看诊医生不得不把两位老人请到我的办公室进行疏导、干预。近一个多小时的交流沟通，我不断变换扮演着“法官”、辅导员、咨询师等角色。那天，我给他们介绍了我们的志愿者病友，希望这些辅助对他们会有所帮助，让他们慢慢改变。

今天上午，大爷只身一人来医院门诊复检取药。我在人群中搜寻，并未见到他老伴的身影。我十分惊讶，和大爷聊起他老伴的情况，大爷转身抹了抹眼泪，哽咽了半天终于告诉我老伴的详情。原来，因为对大爷怨恨，老伴和他已经“势不两立”。

下午，大爷的老伴自己来医院门诊复检。胡塔医生诊察，发现她服药后出现了过敏性皮疹，需要进行治疗处置。胡医生和大娘沟通治疗方案，本来情绪就未调整好的大娘听说了自己的病情后更加激动，恶言恶语随之又指向了大爷，甚至巴不得立马回家与大爷“同归于尽”。我和胡医生都为她捏了一把汗。大娘这样的状态，今后的药物依从性怎能坚持？我们商定立即与两位老人的儿女沟通，让他们从中撮合，给予二老支持和帮助。

不论有多少委屈，多么难受，最终能治愈自己的还是自己。

生活也许时常残忍，但残忍里有温情和感动、坚持和付出，面对残忍依然努力地生活，才是真正的难能可贵

当事情成事实，请学会乐观接受

2015 年 5 月 16 日  星期六

从外院转诊来的病友 L 并不知道自己的真实病情，家人对他保守着秘密，且千叮咛万嘱咐医护人员和室友们，一定要对 L 守口如瓶。

L 每天茫然地躺着输液，大伙也只能对他说些无关痛痒的问候，唯恐出现闪失……好不容易来病房做干预的志愿者们更是不能见到 L 了。我每天在 L 的病房与其他病友沟通时，都要提醒自己，唯恐“踩地雷”。躲避游戏如何能让病友成长？！真让人纠结苦恼。

我们有时会把后果看得过于严重，最后难为了自己。其实不应小

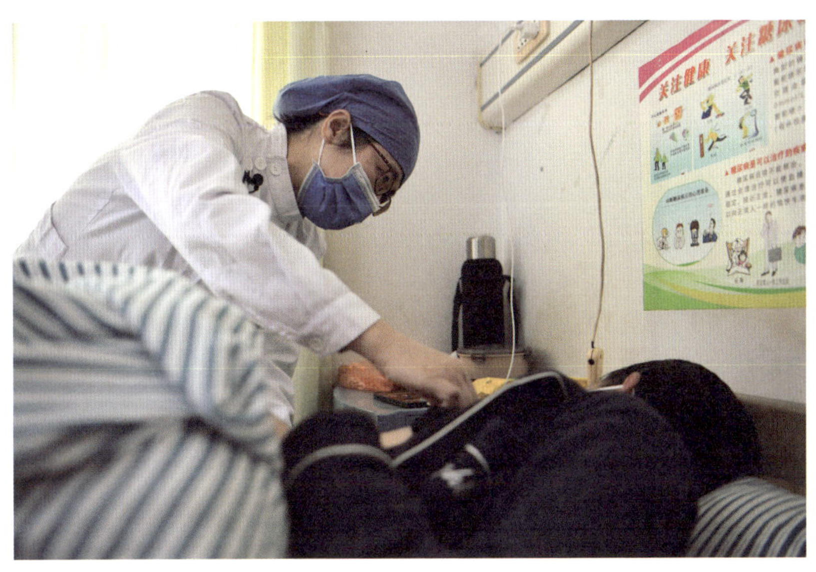

胡敏华安抚住院艾友

看任何人的接受能力，与其遮遮掩掩隐瞒真相，不如帮助病友提高认识能力。生活终究是他自己的，也许会很残忍，但当事情已然成为事实，就需要尝试着去接受、去面对。毕竟，面对后才能发现残忍里的温情和感动、坚持和付出，面对后才能准确地判断自己能否坚持到底。面对残忍依然努力地生活，才是真正的难能可贵。

人活的是心态，心态调整好了，再大的困难也不会把你吓倒；如果心态不好，暂时的困难也会被你主观地、无限地夸大，成为一条不可逾越的鸿沟。

时间永远是旁观者，所有的过程和结果，都需要我们自己承担。心态调整很重要，我们需要相互鼓励、支持，积极面对疾病！

调整心态，要把后果担起来

2015 年 5 月 21 日  星期四

下午在门诊工作室，江西艾滋病援助的志愿者小谭送来了一些药盒，并约好同伴教育员来工作室为新发病友进行同伴教育、干预，帮助其尽快调整心态，令其积极面对疾病。

约见的咨询者是一个 20 岁的年轻小伙子。上周日，他在外院做手术前进行艾滋病病毒抗体初筛，检测结果显示为阳性，正在等待确认结果。这次他是由朋友陪伴来医院咨询的，小伙子在工作室号啕大哭，不能自已，说自己怎么样都无所谓，害怕会让自己的男朋友感染，因为两人在一起从没有安全性行为的意识。

小伙子一直向志愿者倾诉自己的经历，声泪俱下地宣泄，他觉得自己已经没有希望了，只是特别担心害男友也感染。他非常憎恨那个让自己感染的人，发誓要去找到他……已经发生的事情再后悔也于事无补，成年人必须为自己的行为承担后果。

志愿者玉和龙在与其他新病友及家属座谈，进行依从性教育、健康指导，参与人员也畅所欲言，相互鼓励、支持。通过这样的平台重建社会支持系统，对新病友的心态调整是很重要的。

时间永远是旁观者，所有的过程和结果，都需要我们自己承担。心态调整很重要，我们需要相互鼓励、支持，积极面对疾病！

事情总是在你最不抱希望的时候得到解决，所以，永远不要轻言放弃。

不放弃，是好运气的开始

2015 年 6 月 2 日  星期二

78 岁的阿婆乐呵呵地告诉我：“我要出院回家了，儿子来医院接我呢。”看着阿婆如孩子般手舞足蹈的样子，不禁感动。

病房里，阿婆的儿子为阿婆收拾着物品，等着办理出院手续。一个月前，已经服用抗病毒药物的阿婆服药后呕吐厉害，她痛苦难受以致厌恶食物，坚决要求停药，甚至用绝食对抗儿女们的规劝。

在儿子、儿媳的劝说下，阿婆勉强同意来住院换药。医护人员和阿婆及家人沟通，给予阿婆更多的鼓励和支持，并进行饮食指导。阿婆的家人每天变换着食谱给阿婆做好送来，并耐心喂食。阿婆一天天好起来，慢慢适应了新组合药物，如今逢人就夸儿女孝顺。

老年艾滋病患者在治疗期间能得到家人如此大力支持是很难得的。倒不是说很多子女不孝，而是很多老人的“病耻感”不允许他们把病情透露给孩子，或者不愿意给孩子添麻烦。而且，由于艾滋病感染途径的特殊性，也给感染者添加了污名化的道德标签，因此，老年病友其实会有更大的心理压力和恐惧感。再加上他们年迈不便的身体和学习理解能力的退化，让我们在护理过程中充分领教了其中的艰难。尽管困难重重，我们一直尽力沟通。好在我们坚持，好在阿婆有那么孝顺又有耐心的子女，终于守得云开见日出，看到了阿婆病情得以控制的舒心笑容。

事情总是在你最不抱希望的时候得到解决，所以永远不要轻言放弃。

一切困难都是暂时的，只要你坚持，不如意就会很快过去。重要的是管理好自己，做好该做的事，把更多的时间留给未来的自己。

与其盲目担忧，不如及时就医

2015 年 6 月 8 日  星期一

常有网友问：根据您的经验，吃抗病毒药物组合的感染者转氨酶高出多少，医生才会给开护肝药物呢？应该怎样依靠自身调节呢？饮食睡眠需要注意什么呢？我身上的疹子是感染艾滋病病毒的表现吗……诸如此类的问题会经常出现。我的回复是：医学是客观科学的，不能光凭经验、感觉来判断。有问题请及时就诊，医生会做出诊断治疗。其他饮食睡眠问题，请在微博搜关键词，会找到对你有帮助的信息。

我每天都会收到不少网友的咨询信息，如对症状或化验单的疑惑，事实上回复这类信息对于病友意义不大，有时反而容易误事。所谓症状或化验单显示情况，需要专业医生结合病友身体情况进行综合评估后，才能给出恰当而专业的建议。

病友频频在网上咨询，而不及时到医院就诊治疗，多半是因为他们处于恐惧不安的状态，虽怕耽误病情，却又抱有侥幸心理，不想面对现实。可惜，逃避从来不是解决问题的办法，反而有可能导致错过治疗的最佳时机。

要相信，一切困难都是暂时的，只要你坚持，不如意就会很快过去。重要的是管理好自己，安抚好自己的情绪，同时做好该做的事，把更多的时间留给未来的自己。

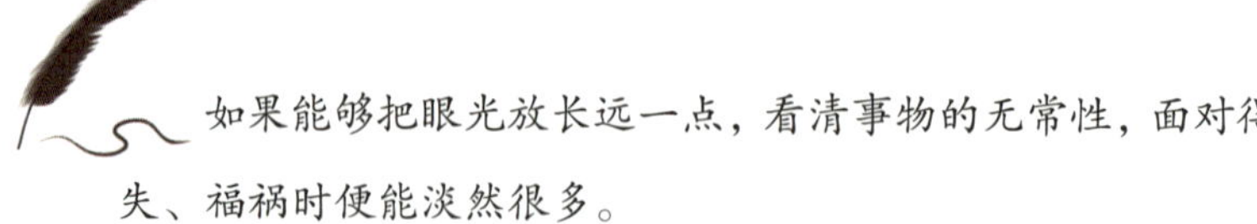

如果能够把眼光放长远一点，看清事物的无常性，面对得失、福祸时便能淡然很多。

看远一点，生命会因此而轻松

2015年6月12日  星期五

服抗病毒药物4年的柴大爷已经八十多岁了，这几年在老伴的精心照料下身体一直很好。可前两天早上，他突然神志恍惚，大小便失禁，家人匆忙送往医院救治。还好在医护人员的抢救之后，只用了半天时间他就清醒了。

在病房见到我，柴大爷和我开玩笑说："我差点就过去了，可是因为想见你们，就没走成。"乐观的柴大爷这时候都不忘幽默一回，很让我们佩服。

历经九死一生仍能一笑而过，见识过生活的残酷仍能热爱生活，这于柴大爷而言真的很不容易。这不但说明他有强烈的求生欲，还意味着他有坚强的意志力，而这些必然与一直鼓励、支持并细心照顾他的家人有关，是家人给了他生活的希望和美好，让他不管多难，都想留在这美好的人间。

其实也不用把生活看得多么残酷，因为不管多么残酷，我们都应该坚强生活下去。生而为人，在这世上走一遭，纵然不能轰轰烈烈，也应该留下一些美好的印记不是吗？如果把眼光放长远一点，看清事物的无常性，坦然地面对得失、福祸，我们便能淡然很多，也能快乐很多！

很多时候，我们认为“极难”的事，只不过是自己的想象。去尝试做自己原本不敢做的事情，迈出第一步后，你会发现事情原本没有那么困难。

你一定比自己想象的要坚强

2015 年 6 月 18 日  星期四

吃抗病毒药物 1 个多月的清来医院复检取药，他的母亲、哥哥陪伴左右。在抗病毒治疗前，因为家人强烈要求，我们答应不将病情告诉清，以至于清上药前的依从性教育没有做到位，也正因此，我们一直担心他回家以后的药物依从性管理。

和清的哥哥交流后得知，清现在已经知道自己的病情了，也开始接受事实，并答应配合抗病毒治疗。在清完成各项检查后，我抓住时机对他进行了依从性教育补课，给予他相关建议、健康指导。清也和我谈及他的一些病中感悟，还有他的改变和服药经验。此时的清很坦然，但我能想象出此前他所做出的种种挣扎和努力。

从毫不知情到坦然接受，这看似简单的转变背后必然经历了许多次痛苦和崩溃，但庆幸的是清有爱他守护他的家人，他感受到了家人对他的担忧和期盼，所以他最终勇敢地站了起来。就算知道自己处境艰难，未来社会交往可能受限，但是有亲人的关爱和陪伴，会帮助他在未来的泥泞路上抵御风寒！

不久的将来，清会明白：很多时候，我们认为“极难”的事，也只是自己的想象。去尝试做自己原本不敢做的事情，迈出第一步后，就会发现事情原本没有那么困难。

生活不能等待别人来安排，要自己去争取和奋斗，不论其结果是喜是悲，至少可以慰藉的是，你总不枉在这世界上活了一场。

若你真正快乐，就会发出光芒

2015 年 6 月 20 日  星期六

2015 年 5 月 4 日，伴“艾”骑行活动正式拉开帷幕。刘九龙以艾滋病病毒感染者的公开身份从南昌骑自行车到北京，宣传正确预防艾滋病的知识，鼓励在痛苦中挣扎的朋友们坚强地面对疾病。刘九龙的“伴艾骑行”活动持续了 45 天，途经九江、武汉、合肥、郑州、石家庄等 28 个城市，最后到达终点北京，顺利完成了骑行。

作为一个艾滋病病毒感染者，刘九龙以超强的意志力完成了正常人也难以完成的骑行活动，实现了心中的梦想，令我们佩服不已！祝福刘九龙永远健康快乐！期待他以强大的生命力和顽强的意志力跨过他心中预设的一个个山头，期待他用强烈的生命感染力和超强的行动力给其他感染者送去希望的种子，让希望之花开遍每一个角落。

你看，生活不能等待别人来安排，要自己去争取和奋斗，不论其结果是喜是悲，至少可以慰藉的是，你总不枉在这世界上活了一场。有了这样的认识，你就会珍惜生活，而不会玩世不恭，同时也会给自身注入一种强大的内在力量。

当你的心真正快乐，你就会发出光芒。

我们的生活无时无刻不在面临选择，不要妄想“等到自己想通了再去改变”，因为只有行动才能改变。

你的未来，要通过自己改变来实现

2015年6月22日  星期一

下午给几位病友做电话随访，了解他们在家的服药情况及身体近况。我发现，仍有个别病友不能正视自己的病情，消极应对，服药的时间随心所欲，甚至漏服，饮食随性，喜好煎炸食物，不愿吃蔬菜、水果等。还有的病友拒绝和我们志愿者接触、沟通，把自己禁锢起来，连到医院拿药都不和医生见面，就站在楼下等着家人忙乎。

其实家人也应该帮助病友成长，给予他们更多支持、鼓励，而不是一味大包大揽。对于艾滋病，社会固然有偏见和歧视，但也有包容和支持，可惜很多病友很难越过自己心中那道坎，还没有尝试便先给自己设限，把自己包装成被歧视、被嫌弃、被排斥的弱者，长期持有这样的心理负担，难免会造成抑郁情绪。而家人的大包大揽，其实是对他们认识偏差的一种变相支持，会加重他们的价值缺失感。因此，作为爱护他们的家人，应先充分肯定病友的价值，让他们承担该承担的责任，做该做的事，这才是鼓励他们接纳自己、恢复社交信心的正确打开方式。

而作为一个成年人，病友也要有责任心，不仅要对自己负责，也要对家人负责。如果觉得自己的身体已经给家人带来了麻烦，那就不要让悲观的情绪再给家人添加忧伤。在你生病期间，家人对你最大的期待不过就是希望你健康，那么你应该努力调整心态，积极面对疾病，

做好自我管理，规律乐观地生活，还给家人一个健康快乐的自我。

我们的生活无时无刻不在面临选择，回望原点，勿忘初心，在这美丽、残酷、平凡的世界，你我都一样。不要妄想“等到自己想通了再去改变”，只有行动才能改变，而不是等改变了再去行动。

志愿者们把乐观、积极、向上的人生观和大爱的价值观传递给了现场的每一个人。愿我们的行动、我们的微薄之力，能将伟大的志愿者精神传遍世界的每一个角落。

聚会家园，传播健康传播爱

2015 年 6 月 24 日  星期三

下午两点，医院艾滋病门诊“温馨家园”内，坐满了闻讯赶来的艾滋病病毒感染者、病人和家属，一场内容丰富的健康沙龙正在这里举行。此次沙龙的主题是：调整心态，做好身份认同；积极面对疾病，保持良好的依从性，乐观规律健康生活。

和以往不同的是，现场参与互动的志愿者除了医院的爱心小组成员、江西艾滋病援助组织的小谭、小曾外，还有刚刚完成从南昌到北京 3000 公里“伴‘艾’骑行”的艾滋病病毒感染者刘九龙，并有来自香港已生存 20 年的艾滋病病毒感染者 Ken 仔张锦雄。更让我们感动的是章金媛爱心团队 86 岁高龄的章金媛主任和王桂琴、夏杏云两位老师，也冒着酷暑带着礼物赶来“温馨家园”和参与者们沟通互动，并深入感染二科病房探访慰问住院的艾滋病友及家属。

胡敏华在“温馨家园”与患者交流

在“温馨家园”活动现场，医院爱心小组志愿者高龙娥为病友们开展了一堂形象生动的穴位保健知识和心灵沟通讲座，让病友们即学即用，收获很大。讲座结束后，章金媛主任与大家亲切交谈并和病友做心理沟通，指导病友们如何做好自我管理，嘱咐家属们不仅要关心患者的身体健康，更要关心他们的心理健康。同时，她还鼓励病友们要乐观向上，积极调整心态，坚强面对病魔！伴随着志愿者们编写的洗手歌的优美旋律，章金媛主任和爱心团的志愿者们教导病友、家属做起了洗手操，教会了大家如何做好手部卫生，防范因手部污染带来的细菌、病毒感染。

随后，刘九龙、张锦雄、小谭等分别和在场的病友、家属进行了交流分享，一一解答新病友的困惑、家属的疑虑以及服用抗病毒药物的副作用应对，等等，为病友们鼓劲加油！

我带领章金媛主任一行来到感染二科病房看望慰问艾滋病患者，把预先准备好的慰问礼品——一套健康碗和一个两用靠枕送到患者手中。章金媛主任耐心地向患者介绍着物品的用途，鼓励患者要树立信心，积极配合医生治疗，做好自我控制，保持良好的依从性，并特别强调家庭、社会支持系统对患者疾病康复的重要性。病房里一位老年病友看到满头白发的章金媛主任给自己送来礼物，非常感动，连连说着“谢谢，谢谢”，并婉拒章金媛主任手中的礼物。章金媛主任问询了病友的

章金媛（左三）、胡敏华（左四）与志愿者到病房慰问病友

年龄后，亲切地对他说：“您老 82 岁，我今年 86 岁，我比您大 4 岁，我是姐姐，我现在以一个姐姐的身份送礼物给您，您一定要收下我的心意，祝愿您早日康复！我希望您能配合医生治疗，积极战胜病魔，快乐健康地生活！”老年病友紧紧握着章金媛主任的双手表示感谢，其他病友和家属看到这个场面都感动不已！

志愿者们把乐观、积极、向上的人生观和大爱的价值观传递给了现场的每一个人。愿我们的行动、我们的微薄之力，能将伟大的志愿者精神传遍世界的每一个角落。

人生一世，疾病、意外、自然灾害等时时相随，不可预料。每个人都可能会遭遇异常艰难的时光，只有挺过来，人生才会豁然开朗。

站起来，人生会豁然开朗

2015 年 7 月 14 日  星期二

刚入院的老方情绪十分低落，他沮丧地躺在病床上，不时难过地低声啜泣……令人欣慰的是，他依然会配合医生诊治，一一回答医生的询问。确认感染 1 周时，他 CD4 细胞计数只有 8 个。因不了解这种疾病，他万分恐惧，一方面担忧家人被感染，一方面又担心告知家人的后果。这些纠结的事让老方夜不能寐，濒临崩溃。

在日常工作中，我们经常会碰到有如老方这样的情况，在生病后才发现家人在自己心中的重要位置，因而万分愧疚又患得患失。也正因此，我们对新发患者确诊后的家庭危机处置非常重视，会从各个角度帮其分析目前的处境，疏导其恐惧和抑郁情绪，让其对目前情况有清醒且理性的认识。

今天，我们和老方沟通，给予他疾病相关知识的指导和家庭危机处置的意见，并建议他充分思考后再与家人沟通。老方同病房的另两位病友也劝慰他，并分享自己的经验、应对方法及病中感悟……病友们渐渐建立起新的社会支持系统，病房里压抑的氛围也渐渐缓和轻松了起来。

人生一世，疾病、意外、自然灾害等时时相随，不可预料。每个人都可能会遭遇异常艰难的时光，只有挺过来，人生才会豁然开朗。

记得，一定要站起来，谁的人生都需要坚强面对。

当然，做一件事并不难，难的在于坚持。坚持一下也不难，难的是坚持到底。只有拼尽全力，才能迎来美好的明天。

高度自律，才能高枕无忧

2015 年 7 月 22 日  星期三

10 号病房的小伙子要出院了，我们去做出院随访，见他半躺在病床上，两手一直忙着“刷”手机玩游戏，和他沟通，他竟没时间抬起头来看我们一眼。

见他的床头柜上凌乱地放置着抗病毒药、调理中药等，我一边叮嘱他出院后要记着服药，一边顺手拿起一个药瓶查看，却发现一整瓶磺胺药只是开了封而已，却没少几粒。

像这样的病友，出院后一定要有家人督促服药。很多病友在确认感染住院时，担心害怕得要命；一旦病情稳定，就感觉生病也不过如此，有所谓渐渐变得无所谓，以为可以高枕无忧了，根本不了解做好自我管理对病情稳定的重要性。

其实对于慢性病病友来说，做好自我管理，保持良好的依从性是重中之重，古语“三分治疗，七分调理”就是这个道理。病友们除了遵从医嘱按时、按量服用药物外，也要保持愉悦的心情，均衡饮食，多吃新鲜蔬菜、水果。要注意休息，千万别沉迷于网络，每天抽出时间做些运动，多到户外走走，适当锻炼身体，这样才有利于身体状态的恢复。

当然，做一件事并不难，难的在于坚持。坚持一下也不难，难的是坚持到底。只有拼尽全力，才能迎来美好的明天。

排解和疏通心理郁结的方法很多，将痛苦和委屈通过眼泪发泄是最有效的方法之一。

眼泪是缓解精神负担的良药

2015 年 7 月 31 日  星期五

上午访谈的对象中有一位 23 岁的小伙子，尽管天气炎热，他却戴着一顶有长檐的帽子，帽檐压得低低的，偶尔露出的眼神也是怯怯的。他躬身坐在我对面，双手遮掩着脸庞，很少开口说话声音极低。在我耐心的开导下，他才说，前段时间有了高危性行为后，性伴侣告知他自己是感染者，小伙子当时就吓懵了，后来感觉出现了一些相关症状，非常害怕感染就来到医院求助。

和小伙子交谈沟通后，我劝他不要过度紧张，不要给自己预判死刑，实在不行就哭出来，把压力释放出来后再理性分析情况。待他精神缓和一些后，我告诉他，艾滋病只是一种易传染的慢性疾病，与其恐慌不安，不如先做相关检查，待检查结果出来后再定夺。小伙子虽然仍有些紧张害怕，但明显听进去了一些，答应先做相关检查。

人生中，难免会遇上生活变故。心理素质好的，能控制和调节自己的情绪，使自己心理平衡；但意志比较薄弱、情绪容易失控的人，就会引起较大的情绪波动，进而形成心理郁结。排解和疏通心理郁结的方法很多，将痛苦和委屈通过眼泪发泄是最有效的方法之一。有一种叫神经性胃炎的消化道疾病，当情绪紧张的时候，胃就开始一阵阵痉挛性疼痛。其实这是胃在“消化”你的紧张情绪。这时你若大哭一场，把委屈连同眼泪一起挥洒掉，病很可能会不药而愈。

作为父母，孩子选择在第一时间告诉自己病情，说明父母是孩子特别亲近、信任的人，父母应该感到欣慰，应该给予孩子更多理解、包容、支持，让孩子感受到家人与之并肩战斗的力量！

往前走的脚步声，你自己会听到

2015 年 8 月 18 日  星期二

上午与病友小刘做访谈。小刘服用抗病毒药物已半年，这次是来医院复查取药的。见到我时，他沮丧地说不想吃药了。我很愕然，详细追问后才了解原来是因其父母的态度所致。小刘确认感染后，第一时间就将自己的病情告知了父母，而父母害怕孩子在老家暴露隐私，连家也不让回，并要他尽快结婚。小刘说好想家，已经很久没回家了！

这件事又一次让我感到，新病友家属的干预指导是多么重要。作为父母，孩子选择在第一时间告诉自己病情，说明父母是孩子特别亲近、信任的人，父母应该感到欣慰，应给予孩子更多理解、包容、支持，让孩子感受到家人与之并肩战斗的力量！

工作中会遇到很多年轻病友，刚上药不久却对父母要求的婚姻之事万分纠结。确认感染后，因为独生子的身份、来自父母亲的压力，他们寝食难安，甚至弄不清自己的近期目标到底是以健康为首，还是其他。

我只能说，即便形单影只，也不要自暴自弃。当我们鼓足勇气跨出第一步的时候，先要克服内心的恐惧，因为这个世界上，往前走的脚步声，只有自己能听到！

长期健康生活没有什么特殊之处，唯有坚持而已：保持良好的依从性，调整心态，均衡饮食，适当锻炼，做好自我控制。

坚持自律，你可以与常人一样

2015 年 8 月 23 日  星期日

网友发来私信："阿姨，帮我客观分析一下，如果接受正确的治疗，我想再有 20 年的时间可以吗？"我回复说："保持好的依从性，有规律地健康生活，达到正常人寿命没问题！加油！一切都会好起来的！"

我这不是故意安慰，而是陈述事实，如果对艾滋病了解得更多一些，便会明白它真的没有传说中的那样可怕。但尽管如此，病友们也不要掉以轻心，而是应对自己的健康多一些了解，对自己的行为更加负责。高危性行为后请及时主动咨询，检测艾滋病病毒抗体，及时诊断是否感染艾滋病病毒。务必做好 CD4 细胞计数监测，及时联系医生，尽早规范治疗，保持良好的依从性，做好自我管理（包括药物、饮食、休息、锻炼、心情等方面），如此就有很多机会恢复免疫功能，不再被艾滋病相关的机会性感染所困扰。

抗病毒治疗是目前唯一且最有效的治疗手段。但病友们需要了解的是，抗病毒治疗需要终身坚持，其间病友要充分重视服药依从性管理、调整心态、均衡饮食、适当锻炼、做好自我控制及药物副作用监测，不能随心所欲。这对任何人而言都是一个巨大的考验，必须有坚强的意志力才行。

幸运的是，某件事坚持久了会成为一种习惯，而习惯从不会让人觉得难以执行。因此，要相信你能坚持，而坚持了就能看到希望！

很多事情我们确实无法改变，不能左右，那就好好做自己吧。

坚强向上，靠近阳光才是最好

2015 年 8 月 24 日  星期一

最近，有个病友服抗病毒药物产生耐药性，换药后却又因为药物过敏不得不暂停服药，而且扁桃体发炎化脓，必须每天输液，吃东西喝水感觉都十分难受……他通过微博发来私信咨询："不知道身体和精神上的折磨何时才是头，我要撑不下去了，很痛苦。能不能告知该如何调理自己的身心状态？经过治疗真的不会影响寿命吗？而且总有病友离世，我又如何坚持得下去？"

我回复："耐药、出现过敏情况、扁桃体出现炎症都是暂时的，不要灰心，有问题及时联系医生，尽快积极处置，不要太担心害怕。喝水可用吸管吸，减少局部刺激，多吃点新鲜蔬菜、水果，还可每天喝点蜂蜜水，要动脑筋想办法吃下去。正常人也不能预知自己的寿命，天灾人祸不是每天都在发生？"

是啊，人生很多时候都是不遂人意的，但这些都会过去。无论什么环境，内心都要有方向，坚强向上，靠近阳光才是最好。

有了感恩的心境，才能看到生活中平凡的美好，去接受一些不了解的东西，去争取、相信自己可以改变一些东西。

试一试，你比你想的更重要

2015 年 8 月 25 日  星期二

今天上午，病友小陈和老张又通过电话相约来医院复诊取药。他们是在住院治疗期间相识、相交的，因为相互鼓励、相互支持，现在两人成了忘年交。

三个月前，已经服用抗病毒药物半年的老张来住院。因所服的药物过敏、毒副作用较大，他不得不更换抗病毒药物，这让他很是沮丧。看着邻床的病友病情稳定，都很快出院回家服药了，老张的心情更是烦躁不安。就在老张万念俱灰的时候，多亏爱人给予他支持、鼓励，让他坚强面对，积极配合医护人员的治疗护理，很快，老张也适应了他的抗病毒药物组合。

同期住院抗病毒治疗的小陈倒没什么药物副作用，只是情绪低落，心态很差。小陈家在农村，确诊感染后妻子决然离开了家，丢下年幼的孩子不管不顾。小陈想到可怜的孩子便沮丧、不安，每天在病床上孤寂地蜷缩着，不和人交流，让我们很担忧。

考虑到小陈的情况，我们和老张及他爱人沟通后，把小陈的床迁至老张病房，指导他们两人相互帮助、学习，取长补短，竟起到意想不到的效果。

人就是这样，有了感恩的心境，才能看到生活中平凡的美好，去接受一些不了解的东西，去争取、相信自己可以改变一些东西。

希望是附于明天的。有明天，便有希望；有希望，便有光明。

为了爱你的人，再难也要坚持

2015 年 9 月 2 日  星期三

一年多未联系的病友云被他哥哥送来医院住院治疗，他此时全身真菌感染，消瘦不堪。

去年，云服用了 3 个月的抗病毒药后就没再出现，我们多次联系都未果。云的哥哥也联系不上他，对他失望至极。听说他过年前好不容易回了趟老家，可没几天又不见了踪影……云总是这样我行我素，让家人失望、担心，不知道该如何帮助他改变。

这次来住院，云的姐姐才知道弟弟的病情，看着消瘦的弟弟，她很担心害怕，也备受困扰。我们和云的姐姐约见访谈，给她一些疾病知识的指导、建议，重点还是云的依从性教育，告诉她再难也要坚持，希望家庭给予关怀支持，让云学会自我管埋等。

当然，不管是家庭关怀还是社会支持，病友首先得自我负责，毕竟生命是自己的，未来的路也需要自己走。就算充满绝望，也应该先多方面了解相关知识，在理性分析后再做是否要放弃的决定。更何况，云还是有家人关心和惦念，希望他最终能够为了家人不要放弃自己，无论结果怎样，都好过还没尝试就自暴自弃。

希望是附于明天的。有明天，便有希望；有希望，便有光明。

若不抽出时间来创造自己想要的生活，你最终将不得不花费大量时间来应付自己不想要的生活。

你的生活，是你选择的结果

2015 年 9 月 8 日  星期二

下午，诊室来了位腼腆的小哥。他怯怯地说："医生，我帮姐姐来拿抗病毒药物。"仔细询问得知，姐姐小单去外地工作了，已上药半年，CD4 检测结果只有几十个。半个月前，小单也是吩咐弟弟来医院取药，坐诊医生转告，要求小单安排好时间自己来医院复检。当时，医生只开出半个月药量，希望小单本人来医院复查再取药，可这次还是不见小单的身影。

虽然艾滋病只是一种慢性病，但病友也不能忽视其危害性。不定期复检，很有可能在自己的身体里埋下隐患。虽然病友是弱势群体，需要家人和社会的关注，但也不能过于任性，要知道，还有那么多亲人、医护人员关爱你、关心你，所以必须要重视起来，给大家展示一个健康的自己。

病友要对自己的健康负责，特别是刚开始用药的病友更要注意。服用抗病毒药物后，病友应要保持良好的依从性，遵从医嘱，按时到医院复诊检查，监测服药后的毒副作用，及时和经治医生密切联系沟通。切记要调整心态，积极面对，做好自我管理，包括药物、饮食、休息、锻炼、心情五个方面的规范管理！

若不抽出时间来创造自己想要的生活，你最终将不得不花费大量时间来应付自己不想要的生活。

任何一种生活都会有令人厌倦的时候，关键在于你是否具有欣赏琐碎美好、创造新鲜感的能力。

创造美好，可以是坚持做简单的事情

2015 年 9 月 14 日  星期一

病友东擅自停药半年多，机会性感染症状接踵而至，不得不再次住院治疗。入院时，他向医生隐瞒自己有尖锐湿疣的病症，以致住院治疗一段时间后，肛周长满疣体，甚至周边皮肤出现破溃，疼痛不适……他这才吞吞吐吐地询问医生该如何处置。

东是 2011 年确诊感染后就开始抗病毒治疗的病友。本来病情稳定，免疫力已经升高，可他在服药几年后感觉身体状态很好，觉得每天吃药很麻烦，不吃药应该也没关系，就不顾家人劝告，擅自做主停服了抗病毒药物。停药后不出半年时间，东就感到头痛欲裂，身体每况愈下，不得不在家人的搀扶下来医院住院治疗。

正在服用抗病毒药物的病友们，请千万不要任性！服用抗病毒药物必须保持良好的依从性，坚持终身服药，不能擅自停药或漏服药物。出现身体不适时应尽早和经治医生联系，早告知、早诊断、早治疗。请病友们切记！

不要嫌长期服药麻烦，其实，任何一种生活都会有令人厌倦的时候，关键在于你是否具有欣赏琐碎美好、创造新鲜感的能力。

大多时候，我们释放内心的压力，都是为了得到理解和支持。有一个倾诉的出口，能让痛苦纠结的情绪得到宣泄和化解。

说出来，给情绪一个宣泄的出口

2015 年 9 月 16 日  星期三

昨天，我们在咨询室约了位上个月确诊感染的艾友，其 CD4 检测结果显示 570 个，他决定暂不上药。因为情绪低落，他躲避家人生活，吃不下睡不好，体重骤降，每天都感觉自己有点低热，但在医院的各项检查却显示正常。

他对我毫不隐讳，聊着现在的种种：结婚七年，家里有两个孩子，小的孩子两岁时他离家去外地做事，也就在那段时间他知道了自己的"同志"身份，后来在网上交友，不出意外地被感染。现在，几个姐姐已经知道他的病情，而且竭力帮助他渡过难关，但是父母、妻子并不知道他的情况，这让他很纠结。

我的关注、倾听让他一吐为快，他告诉我："能这样无所顾虑地聊天感觉真好，本来一到下午自己就发热的，怎么今天没发热了呢？"

其实大多时候，我们释放内心的压力，都是为了得到理解和支持。有一个倾诉的出口，能让痛苦纠结的情绪得到宣泄和化解。艾滋病病友更是这样，由于疾病本身的特殊性，让他们承担了很多心理压力，既担心自己的未来，又担心会改变家庭结构，我们力所能及的是倾听他们诉说，帮助他们释放压力，同时也会宣教疾病相关知识，助其开

展家庭危机干预……当心理包袱逐渐卸下，他们相应的身体机能也会得到一些恢复。

因此，难过焦虑的时候，就去寻找一扇窗，就算问题不能得到解决，也不会让压力变成内伤。

很多“同志”父母都参与公益活动，时不时到处开会，顺便也旅游，晚年生活好充实，亲子关系比以前更好！

亲人的关怀，任何药物都无法替代

2015 年 9 月 22 日  星期二

每年大学开学之际，来自香港的志愿者 Ken 仔张锦雄都会来南昌参加高校艾滋病知识巡讲活动，而且每次他必定会抽空来医院探访病友，这也已成为我们之间的一种约定。今天 Ken 仔张锦雄和另一位志愿者修彬又来医院探访病友，和以往不同的是，他们还带来了武汉“同志”中心的两位志愿者。

这次病区探访活动，因为有“同志”中心志愿者的参与，我们的病友和家属又有了不一样的收获，纷纷感受到了沟通平台带来的快乐。他们和志愿者约定，有机会一定要走出去，参加各地的“同志”亲友恳谈会，积极健康生活，并做一些力所能及的志愿服务。

在病区，Ken 仔张锦雄跟一位病友的母亲说：“既然你都知道儿子是‘同志’了，不如我们介绍你认识其他‘同志’的父母，这样大家彼此可以相互支持。”她说：“好呀！等我儿子出院后，我们找个时间参加 @ 同性恋亲友会的恳谈会。”据 Ken 仔张锦雄说，有很多“同志”父母都参与公益活动，时不时到处开会，顺便也旅游，晚年生活好充实，亲子关系比以前更好！

不管生活怎样，我们都要向着美好的一面去想，面对苦难、面对艰难、面对误解、面对打击也应该如此，只要心里存着一份美好，就会发现更多隐藏在丑陋和磨难下的美好。

活着的乐趣，就是在痛苦中找出快乐

2015 年 9 月 23 日  星期三

从外地赶来的淘兴冲冲地来医院复诊取药，合不拢嘴的笑容感染了诊室内外的病友。每次都会一同来拿药的妻子燕这次没来，淘说燕快生产了，行动不方便，他一个人全权代理，除了取两人的药物，这次他还必须准备好婴儿出生后的阻断药物。

淘和燕是在我们这儿相识、相恋的，再后来顺利地组建了幸福的小家庭。淘服用抗病毒药物近十年了，每次来复诊他总是笑嘻嘻的，还主动帮助身边的病友们，并分享自己的心态调整、用药、饮食经验等。当时因为在住院的燕不配合治疗，我们正想方设法帮助燕调整。护士小吴提出让淘帮助燕，淘很乐意地答应我们做志愿者。就这样，结对互助的淘和燕几年后给我们送来了喜糖，让我们为他们高兴不已。

现在，淘和燕经过慎重考虑，决定怀孕生子。衷心祝愿他们一切顺利！祝愿他们的宝宝健康！

不管生活怎样，我们都要向着美好的一面去想，面对苦难、面对艰难、面对误解、面对打击也应该如此，只要心里存着一份美好，就会发现更多隐藏在丑陋和磨难下的美好。

要求的很多，得到的很少，是一种失落；而要求的不多，得到的不少，却是一种幸福。不为模糊不清的未来担忧，只为清清楚楚的现在努力。

努力去做，结果会给你惊喜

2015 年 9 月 29 日  星期二

年轻的病友清又来门诊复查取药了，现在的他脸上终于浮现出久违的笑容，和以前郁郁寡欢的他简直判若两人。在等待医生问诊的空档，清主动做志愿者，力所能及地帮助新病友，与其进行交流，现身说法进行同伴教育、干预，而且每次都不忘告诉大家现在政府有“三免一补助”的优惠政策。

清是今年上半年到我院住院的，当时已经出现机会性感染。看着骨瘦如柴的儿子，清年迈的父母欲哭无泪。清常年在外打工，却无多少积蓄，平时在家务农的父母也只能勉强糊口，清转诊多地，住院治疗的费用已经让家里债台高筑了，更难想象今后的生活。父母感觉清的艾滋病让一家人抬不起头，所以尽管清有新农合报销，但由于不愿过多地暴露病情，就无论如何也不肯去民政、疾控中心等部门办理重大疾病的补助。

在我和清及其父母不断沟通、交流中，告知他们现在国家对艾滋病患者有更多的优惠政策，而且减免补助流程简单了很多，不必跑很多部门，也不会暴露清的病情。考虑再三，他们终于听从了我的建议，很快申请到了疾控中心的补助，这让清及其父母喜出望外。

清在门诊抗病毒治疗的情况很好，他的复查费用不仅可以从新农合报销，而且疾控中心还予以报销减免，现在看病几乎没有费用支出。

TIPS

2015年江西省出台了艾滋病救治“三免一补助”政策，包括免费检测、免费体检、免费随访和救治补助，大大减轻了艾滋病患者的经济负担。

附：江西省艾滋病救治“三免一补助”政策表

政策内容	服务对象	服务项目/病种/内容	服务提供者	服务经费	补助方式
免费检测	艾滋病抗体筛查复检阳性者、尚未接受抗病毒治疗的艾滋病患者	确证检测、CD4细胞检测、病毒载量检测等3项检测	省、设区市疾控机构	每人每年不超过900元	检测对象接受免费检测；财政补助省、设区市疾控机构
免费体检	尚未接受抗病毒治疗的艾滋病患者	血常规、尿常规、血生化检测等9项检测	定点医疗机构	每人每年不超过600元	体检对象先垫付再申请报销；财政补助县级疾控机构
	已接受抗病毒治疗的艾滋病患者			每人每次不超过300元（首次治疗患者每年7次，既往治疗患者每年4次）	
免费随访	存活的艾滋病患者	一般随访咨询、高危行为干预、机会性感染预防等10项服务	县级疾控机构	每人每年不超过500元	随访对象接受免费随访；财政补助县级疾控机构
救治补助	发生机会性感染的贫困家庭艾滋病患者	感染性发热、感染性腹泻、卡波西肉瘤等机会性感染疾病	定点医疗机构	每人每年不超过6000元	救治对象先垫付再申请补助；财政补助县级疾控机构

有时候，坚持了你最不想干的事情之后，便可得到你最想要的东西。

坚持与希望之间，从来容不下侥幸心理

2016 年 4 月 26 日  星期二

在病区见到艳，我很意外。艳服用抗病毒药物已近 10 年，依从性也特别好，怎么会住院呢？看到我，艳很不好意思地和我打招呼，告诉我她的情况。原来，前段时间因为在外地工作忙，她来复诊时就缠着医生要求多给她开些药物，医生叮嘱必须在外地做好抽血监测，她却自以为偶尔不做没关系，可是等再来医院检测时问题已经较为严重了。

其实这是典型的对疾病的严重性认识不足，自以为身体状态不错，就完全忽视医生的叮嘱。就像不少病友至今还不明白上药初期为什么每一两周、每一个月要回医院做检测，他们埋怨医生为什么不给他开三个月、半年，甚至一年的药。有些已经吃了三五年药的病友则以为自己病情早已稳

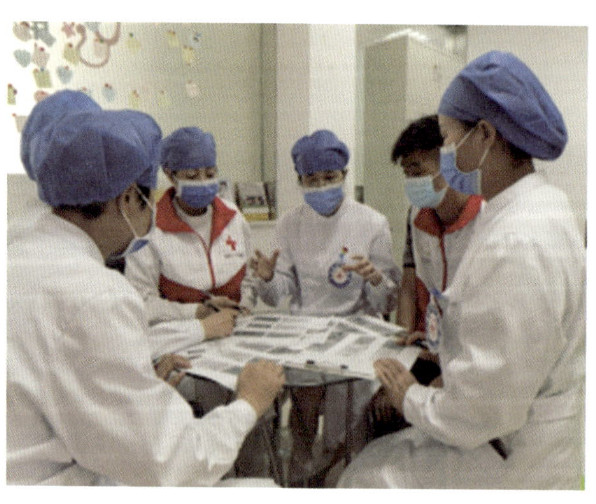

胡敏华与团队成员讨论工作

定下来，不用再做检测，怎知长期服药可能对心血管内脏造成影响。况且，治疗是否有效，并非是靠患者自身的感觉判断，而是需要通过专业的医学检测来判定。

我们知道，抗病毒治疗的目标是抑制病毒复制和改善免疫功能，因此需要通过定期检测艾滋病病毒载量和CD4细胞来评价治疗效果。如复查后发现病毒载量还没有低于检测下限，主治医生会确认治疗是否失败，是否需要更换为二线药物。因此再忙也要定期随访，这比任何事情都重要！

所以，病友们须谨记保持良好的依从性，遵从医嘱，按照复诊检测时间规范抽血检测，以及定期监测药物副作用，千万不可抱有侥幸心理。

家人是患者的最佳护理人员，长期照顾生病的人是件困难的事情，需要保持镇静和耐心。

愿每个人都被家人温柔以待

2016年4月28日  星期四

住院许久的琴，昨天第一次在病房见到她的家人。家人把给她带来吃的、用的东西凌乱地摆放在床头柜上便急匆匆离去。琴静静躺着输液，不时看看邻床津津有味吃着食物的大男孩，满眼羡慕。她的胃口不好，每天进食很少，住院后身体康复不少，却总是乏力，因此活动很少，精神也一直很糟糕。我们鼓励她尽量进食，可少量多餐。

病友生病住院时药物治疗很重要，但饮食、照护也同样不可或缺。胃口差的病友建议少吃多餐，可先以稀饭、汤类为主，吃一些平常喜欢的食物，细嚼慢咽，以免胃充实过快。平时身边备点营养丰富的食物，有胃口时便可进食。食物可多样化，循序渐进增加鱼、禽、蛋、瘦肉等摄入，饮品可选择牛奶、豆浆、酸奶，尽量少吃油腻食物。

家人是患者的最佳护理人员，长期照顾生病的人是件困难的事情，需要保持镇静和耐心，千万不要使用粗暴的动作和语言。要经常与他们谈心、聊天，提供精神上的支持和关怀。愿每个病友都有家人爱护！

有母亲的人，心里是安定的；被母亲爱着的人，心里是温暖的。

母亲在，我们便还是那个笨小孩

2016 年 5 月 8 日  星期日

病友新仅仅住院治疗了几天，他肺部症就已经状改善很多，但他却并不太喜欢和临床的病友交谈。我所见到的他，总是一个人静静的，双眼看着门外，总是期盼着母亲能出现一般。

新在 2 年前就已经确诊感染艾滋病病毒了，因为害怕，一直逃避着未告知家人，也没有联系当地疾控中心进行监测治疗。有一次新并发肺孢子菌肺炎，病情危重，家人急忙将其送医院，他才告知病情。

身心俱疲的父母亲倾其全力救治新，忙碌的母亲为了能让新多吃一点，每天变换着花样送来各种食物、水果，床头柜上摆得满满当当。下班后，母亲又会匆匆赶到医院，及时出现在新的面前，给他惊喜，然后用心照料着他的吃喝拉撒……

这一刻是新一天中最开心的时光，能尽情享受着母爱的呵护，脸上笑容满溢。母亲的精心照护，也让新的身体日渐康复。

不得不说，新是一个幸福且幸运的人，遭遇磨难却有家人热切关爱、鼎力支持，帮助他重新树立生活信心。希望新能从家人的温暖中找到珍爱自己的动力和意义，在未来治疗的路上能具备坚韧的耐力和高度的依从性！

有母亲的人，心里是安定的；被母亲爱着的人，心里是温暖的。母爱伟大，这母爱一定也能让希望发芽！

人总是要向前看的，不要给自己设定太多困境，让自己陷入迷茫彷徨或是烦恼纠结，如此于事无补。好好把握当下，比什么都强！

不开心时，请做个深呼吸

2016 年 5 月 11 日  星期三

一位年轻的艾友从外地来医院复诊取药，抽血检测结果很好，因为工作忙，他不能回老家看望母亲，在一切办理妥当后又匆匆赶回工作地。晚上和他在微信聊天，得知他一些近况和心境，也感受到了他的担心、忧虑。他告诉我，虽然已上药一年多，可有时仍感觉自己是罪人，始终走不出来，总想着不能好好照顾母亲，每次和母亲打电话时，都会泪流满面。母亲的希望都在他身上，这让他感觉难过不安。

当他得知感染艾滋病病毒后，强烈的愧疚心和负罪感往往是击溃他心灵，好在他还能正常工作、有自己的社交，这可以相对减少他的不安感。更期待他有勇气面对自己人生的不完美，去参加一些艾滋病宣教公益活动，从现场热烈的氛围中重新找回自己的价值和生命的希望，以减少自己的愧疚感。

其实人总是要向前看的，不要给自己设定太多困境，让自己陷入迷茫彷徨或是烦恼纠结中，如此于事无补。好好把握当下，做好自我健康管理比什么都强！平时记得多主动给母亲打打电话，简单的倾听、问候、倾诉，对母亲来说都是最实在的孝心！

不开心时，做个深呼吸，不过是糟糕的一天而已。

身体的健康固然重要，但心灵的希望更重要。面对同样的外部环境，得益或遭罪，都在一念间。

调整心态，幸福就在一念间

2016 年 5 月 13 日  星期五

重症监护室护士长找到我，说她们监护室从外地转诊来了一位艾友，这位艾友情绪反复无常，护士们不知如何干预是好。

上午，我抽空去重症监护室访视了这位艾友。他挺年轻，在老家住院治疗检测时发现感染了艾滋病病毒，CD4 检测只有 38，并发肺孢子菌肺炎，因病情危重而转院。在和他简单交流中了解他的情况，倾听他对患病前后的各种比较，以及得知感染艾滋病病毒后的恐惧、不安和发生的家庭矛盾等，我连忙协助并建议进行家庭危机处置。

幸运的是，他妻儿的艾滋病病毒抗体检测均是阴性，家人也倾其所有将其转院积极救治，这些已让他如释重负，感恩不已。我们适时对他进行相关疾病知识教育，以及饮食健康和用药依从性指导等。我们可以看到他的眼中重燃了希望，之后我送给他一本有自己签名的微博日记，希望他认真阅读、思考，尽快调整心态，把握当下，积极配合治疗，循序渐进做好自我健康管理。

身体的健康固然重要，但心灵的希望更重要。面对同样的外部环境，得益或遭罪，都在一念间。

一切以现在为起点，别和过去比，也无法比。命运掌握在自己手中，行动就能带来改变！

把现在当起点，路会越走越宽

2016 年 5 月 18 日  星期三

有位病友在刚检查出艾滋病病毒抗体是阳性时心理很难接受。他本来工作、生活稳定，对未来有美好的憧憬，可现在发生的事情给他心理上造成了巨大伤害，使他没办法面对以后的种种境况。

每个病友刚确诊感染时都会万念俱灰，这很正常，别太担心，慢慢来。在听从专业医生的建议后，积极配合治疗，多了解一些相关医学知识，全面掌握艾滋病信息后，就会减少心理的恐惧感。虽然已经生病，但只要积极面对，很多事情还是可控的，未来会依然充满希望。要相信我们社会对这种疾病的理解程度和包容性越来越高，相信病友坚持规范治疗仍然可以像常人一样生活，而且寿命没有明显变化。

所以给自己一些信心，一切以现在为起点，别和过去比，也无法比。努力调整心态，积极面对疾病，适时进行抗病毒药物治疗就好。在开始抗病毒药物治疗后，请一定保持良好的依从性，做好自我健康管理。

命运掌握在自己手中，行动就能带来改变！加油，一切都会改变！

人生的路，难与易都得走，要给自己一个梦想，之后朝着那个方向前进，就一定能够听见花开的声音！

朝着梦想努力，幸福就会不期而至

2016 年 5 月 20 日  星期五

下午在门诊候诊区，我碰到了病友俞的母亲。她满脸笑容，特意抽空来医院乐呵呵地给大家送俞的新婚喜糖，还亲热地拉着我，开心地说她家里的新人和喜事。

俞服药已经 3 年多，女朋友知道他的病情后仍对他不离不弃、倍加呵护，加上家人的支持帮助，俞很快就走出了阴霾，他如今开朗、健康，并且十分感恩！

漫长的人生中，病友很有可能会经历一个重要的阶段——结婚。很多病友担心，因为自己是艾滋病病毒感染者，便永远失去了正常结婚生育的机会，其实事实并非如此。我国《婚姻法》规定“患有医学上不适合结婚的病种”的人不能结婚，但是艾滋病病毒感染者并不在其中，这是因为结婚并不是艾滋病病毒传播的直接途径。因此，艾滋病病毒感染者是可以正常结婚的。只要婚后双方时刻采取预防安全措施，一般情况下是不会传染的。

真心祝福俞这对新人新婚快乐！他的经历告诉我们：梦想就是生活的意义，人生的路难与易都得走，给自己一个梦想，之后朝着那个方向前进，就一定能够听见花开的声音！

活在当下，不要为过去的事情后悔，也不要为还没发生的事情担心。

多向前看，才不会负重前行

2016年5月29日  星期日

新的病情恢复较快，和同病房的病友又已能融洽相处，彼此之间常交流一些疾病知识、用药注意事项、饮食问题……对新来说，病友间的沟通交流非常重要。新的母亲每天还是为他忙碌着，新也能感觉到母亲的郁郁寡欢，他和我说想请我抽空和他母亲聊一聊。我们也曾几次约时间，却总因为各种事情造成时间冲突而未见面交流。

今天我刻意在病房等候，和匆匆来医院为新送饭的母亲见了一面。新的母亲和我没聊两句话，眼泪就扑簌扑簌流下来。原来，对疾病知识

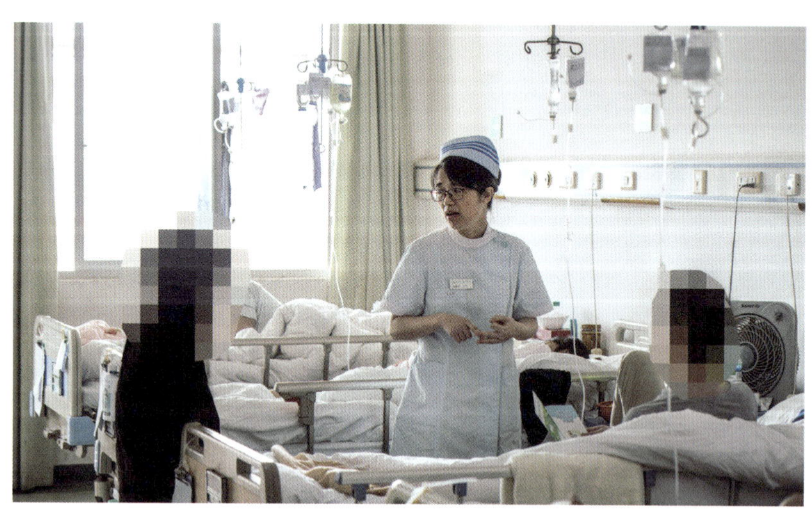

胡敏华在病房与患者及家属沟通

的不了解和对孩子未来的担忧，让她几近崩溃……我耐心地倾听、陪伴，并给出一些适当的建议，这些对于这个无助却又尽力保持坚强的母亲来说已经足够了。

这段时间，原本病情趋于稳定的新睡眠却极差，每天只能勉强睡约两小时，为强迫睡眠，他不得不整天戴着眼罩，这些都让他浮躁不安、苦不堪言。好在医生与其沟通，对其使用药物干预，新这两天的睡眠才有所改善，人也慢慢放松了下来。

睡个好觉对每个人的身体健康和幸福感觉都至关重要。失眠和人面对的生活、工作、家庭等琐事的压力有关，这是在警告我们已经不能有效地控制自身的压力了。

长期的失眠会拖垮我们的身体，最好的解决方法就是调整想法，乐观积极地面对生活。活在当下，不要为过去的事情后悔，也不要为还没发生的事情担心。

别觉得舍弃是坏事情，如果没有舍弃，就不会有前进的空间。

健康生活要学会舍弃

2016年7月28日  星期四

老张来复诊了，他已药物治疗多年了，一般情况还好，只是痛风常常发作，让他困扰不已。痛风患者日常生活养成合理的饮食习惯，可有效减少痛风急性发作次数，预防并发症，提高生活质量。

1. 大量饮水。每日应该喝水2000—3000毫升，保证尿量在2000毫升左右，这样可促进尿酸排出及避免尿路结石的形成。饮水时间应选择在三餐之间，以免饭后大量饮水引起胃胀。需注意，肾功能不全或心肺功能异常的患者，要根据病情限制水的摄入量。

2. 禁酒。酒精容易使体内乳酸堆积，对尿酸排出有抑制作用，易诱发痛风。啤酒在代谢后会产生嘌呤，所以痛风患者更要禁止喝啤酒。

3. 限制嘌呤摄入。动物内脏、肉汤、干豆类是含嘌呤量非常高的食物，痛风急性期要严格控制，禁止食用。由于嘌呤易溶于汤中，病情较轻的痛风患者同样不能喝各种肉汤。此外，香菇、紫菜、菠菜等也含有较高的嘌呤，应严格限制食用。

4. 水果、碳水化合物可以放心吃。痛风患者对新鲜水果没有特别禁忌的，米饭、面食等也可以放心吃。

5. 避免刺激性饮料及调味品，如浓茶、浓咖啡等，可选用碱性饮料。

6. 保持理想体重。少吃含脂肪高的食物，因为脂肪可减少尿酸的排出。但需注意，减重应循序渐进，切忌过快。

做选择时，最重要的是清楚自己的目的，然后要有勇气舍弃。别觉得舍弃是坏事情，如果没有舍弃，就不会有前进的空间。

撑不住的时候，可以对自己说声“我好累”，但永远不要在心里承认说“我不行”。

坚持也是拯救自己的良药

2016 年 8 月 9 日  星期二

5 号病房的吴师傅乏力地躺在病床上，听着同病房其他三位病友聊天、说笑，只有羡慕的份，但他却无力插话参与。吴师傅在当地已经抗病毒药物治疗四年有余，其间也曾因并发症不断住院治疗，他的 CD4 检测目前只有 8 个。我和他沟通，了解到他吃药依从性差，平日十分随意，想到就吃，忘记也无所谓，以至于经历四年多的抗病毒治疗，身体状态比不治疗前更差。

吴师傅同病房内的其他三位艾友，都是刚确诊感染后转诊来住院治疗的。我抽空对他们进行疾病相关知识的宣教、指导，尽量用通俗的语言和他们谈及病毒载量、CD4 数值等与疾病进程的关系，指导他们的配偶及时联系当地疾控中心进行初筛检测，并对其进行了依从性教育干预。吴师傅不失幽默地对他们说：“我可是你们不按时吃药最好的反面教材。”

撑不住的时候，可以对自己说声“我好累”，但永远不要在心里承认说“我不行”。

我们平时大多不会关注死亡，很少思考与死亡有关的事情，不曾真正尝试去了解死亡，而内心却又一直对死亡充满了恐惧和想象，所以，当我们真正面对死亡时，内心就会极为痛苦。

淡定些，别被想象吓住自己

2016 年 8 月 10 日  星期三

七十多岁的张老来住院了，由于腹壁肿瘤的增大，人很是消瘦，腹部膨隆犹如身怀六甲，由于最近已经不能进食而来医院寻求对症、支持治疗。

在病房见到我，张老笑着和我打招呼，幽默风趣地说自己的寿期快到了，还说这两年来虽然病痛缠身，感受、感悟却颇多，挺满足的。张老只是一个平凡的人，但他却向我们展示了面对死亡的洒脱。在生命的尽头能如此乐观积极地坦然面对，是需要强大的心理承受能力和超凡的智慧的。

我们平时大多不会关注死亡，很少思考与死亡有关的事情，不曾真正尝试去了解死亡，而内心却又一直对死亡充满了恐惧和想象，所以，当我们真正面对死亡时，内心就会极为痛苦。

其实死亡没有什么可怕的，只是这一生的因缘已尽，生命的现象幻灭，然后再随着别的因缘生出新的生命现象。想开了，可能也就淡然了！

他人对自己内心的伤害，是由两个部分构成的：一是他人的行动，二是自己内心的认知。“伤害”始于自己内心对它认知的那一刻，并不是别人行为的当下。

耐心点，给好运一点时间

2016 年 8 月 11 日  星期四

“人在遇到困难的时候，才知道家里人的丑陋嘴脸。这丑陋的嘴脸我会永远刻在心里，直到死去。”这是一位刚出院的病友说出的心里话。其实面对各种突发境况，每个人都需要适应、包容，不要把矛盾上升到伤害和仇恨，本来无大事，多理解一分就容下了。

他人对自己内心的伤害，是由两个部分构成的：一是他人的行动，二是自己内心的认知。“伤害”始于自己内心对它认知的那一刻，并不是别人行为的当下。

我们每个人都有自己的局限性，对别人的喜怒哀乐都无法做到感同身受，所以偶尔的冒犯也不一定是蓄意伤害。况且，当我们自己做了错事的时候，又有什么资格责怪别人不体恤、不原谅呢？道德是用来规范自己的，而非用来绑架别人的！如果不能理解不能认同，那么请换位思考下，也许除了自私，你还能发现对方的无奈和不得已。

要知道，那些坚决认为自己没有问题的，即存在最大的问题。当我们用一个手指指向别人的时候，必定有四个手指是对着自己的。请谨记：万事先管好自己，多观察自己。改造自我，比什么都要紧。

我们每个人都做不到完美，干嘛又去苛责别人的不足呢。耐心点，给好运一点时间。

没规划的人生叫拼图，有规划的人生叫蓝图；没目标的人生叫流浪，有目标的人生叫航行。

迎难而上是解决问题的最好手段

2016年11月23日  星期三

人是为了一定的目的而活着，而解决问题和困难是为了实现目的的办法，解决问题和困难才是生命的意义，也是生命的内容，用自己的能力去帮助那些所需要帮助的人群，让那些所受过帮助的人能感受到什么是爱，什么是温暖。这些感受能让他们学会自立自强，勇于面对和承担问题并努力解决问题，回归到正常的生活当中。

逃避永远不是解决问题的办法，迎难而上才是解决问题的最好手段。记得看到过这样一段话“没规划的人生叫拼图，有规划的人生叫蓝图；没目标的人生叫流浪，有目标的人生叫航行”，我觉得很有道理。人生有很多道坎，当你在经历一些坎坷的时候，或许有那么几个人会帮你一把。但很多时候都必须靠你自己先站起来，自己把自己封闭起来不愿去面对和担当，也不愿去和他人交流、探讨，试问又何谈自立自强，又怎么才能回归到正常生活？

圣诞快乐！愿圣诞老人把我许下的所有心愿一一实现，愿所有艾友能在未来心想事成，一切都美好！

感恩，生命因彼此扶持而精彩

2016 年 12 月 25 日  星期日

又是一年圣诞节，在医院门诊二楼的“温馨家园”里，志愿者们经过几天精心准备的“‘艾友’圣诞欢聚会”正式拉开帷幕。近三十名艾友从全省各地赶来，欢聚在洋溢着浓浓圣诞气氛的“温馨家园”里，共庆圣诞佳节。

下午，在彩虹之家志愿者小檀幽默风趣的说唱主持中，艾友圣诞欢聚活动开始了。艾友们在活动中尽情地释放快乐，相互赠送礼物，送上新年祝福，传递温暖、温情。活动进行了三个小时，有游戏、歌舞、病友分享、庆生趴、圣诞祝福等。艾友们多才多艺，默契配合，现场活动丰富多彩，节目精彩纷呈。

活动掀起高潮的节目是艾友小幸的独舞。在欢快的歌曲声中，小幸翩翩起舞，陶醉其中，而小檀的默契配合更是让演出极具笑点，令现场的艾友们捧腹大笑。

活动中，我们还为当天过生日的一位美女秋霞庆生。当艾友为秋霞送上生日蛋糕并点燃生日蜡烛时，秋霞惊喜不已，激动得热泪盈眶。她说：“虽然 2016 年并不是我的幸运年，但在这个狂欢的节日里，你们却给了我意外的惊喜，这是我一生中度过的最难忘的一个生日，也是我有生以来最开心的一天！千言万语我只有用两个字来表达，那就是‘感谢’。感谢父母给了我生命，感谢上帝的恩赐，让我认识了艾

友大家庭的每个成员！感谢有你们，在你们的鼓励和支持下，让我度过了人生中最低落、最伤心的时日！”

活动结束之后，我们和志愿者一道去病房探访，给病床上的艾友送去圣诞礼物和祝福，让大家感受到艾友大家庭的温暖与温情！

因为相聚，我们分享了这快乐时光；因为圣诞节，我们收获无尽的祝福。让我们真心祝愿：圣诞快乐！愿圣诞老人把我许下的所有心愿一一实现，愿所有艾友能在未来心想事成，一切都美好！

“我希望改变，希望变得更好。”每天都要这样对自己说。这样，我们就会多一份学习的心，多一份希望的心，多一份力量去尝试自己以前做不到的事情。

改变自我，从“愿”开始

2017年2月20日  星期一

前些日子，极度消瘦的小石无力地躺在病床上，床头柜上凌乱地摆放着从网上点的外卖，现在他的母亲已从老家赶来照料他。小石去年出院后回家擅自停服抗病毒药物，生活也我行我素，饮食起居毫无规律，几个月下来各种并发症接踵而至，以至于被疾病缠身的小石卧床不起，家人又不得不东拼西凑地筹钱把奄奄一息的他从老家送来医院救治。

和小石沟通并对其进行干预后，我又指导小石母亲一些照护技巧和注意事项。这几天，小石的状态好了很多，回答问题的声音变大了，脸上也有了笑意。希望他能慢慢前行，努力改变，一天天好起来。

自助者，天助之！希望小石能明白生命是他自己的，家人已经尽了自己最大的努力来照顾他、支持他，就算是出于感恩，就算是念及母亲的不容易，他也应该改变以前的任性行为，乖乖听医生的话，保持高度的依从性，让自己的身体一天天好起来。

怎么改变？先从“愿”开始。“我希望改变，希望变得更好。”每天都要这样对自己说。这样，我们就会多一份学习的心，多一份希望的心，多一份力量去尝试自己以前做不到的事情。

疾病是一个“软骨头”，你越顽强它就越渺小，你越软弱它就越强大。

保持愉悦，学会与疾病和平共处

2017年3月2日  星期四

人的一生都可能会与疾病为伍，无论是大病还是小病。在面对疾病的时候，人是有很多情绪的，难过、郁闷、无助、较真……但有些患者对待疾病的态度已经不属于认真的范畴，而是执拗。可想而知，他的心理压力有多大，精神负担有多重，可这对治病而言是起反作用的。

长期的药物副作用以及强大的心理负担，往往会让患者萎靡不振，渐渐失去生机和活力。其实，除了一些急病、重病外，很多疾病并没有我们想象得那么可怕和厉害。多数情况下，我们都是自己吓唬自己，把疾病想象成狰狞恶魔的样子，使自己更加痛苦和备受煎熬。

疾病是一个“软骨头”，你越顽强它就越渺小，你越软弱它就越强大；你对它嗤之以鼻时，它反倒低眉下气了；你精神饱、满气壮山河时，它就服服帖帖、老老实实，不敢兴风作浪；你火烧火燎、魂不守舍时，它就乘虚而入侵蚀肌肤，把你打垮。

如果不幸患上某种疾病，请不要惊恐不安，除了正常的诊疗之外，你只需要把它当成你的一位特殊朋友。很多疾病无法根本治愈，在控制病情的基础上，保持精神愉悦，与疾病和平共处就是上策。

当能量很高的人出现时，他的气场会使得周边仿佛都变得美好祥和，而当一个人有很多负面意念的时候，伤害的不仅是他自己，也仿佛让周围气场变得不好。

开启正能量，让磁场充满祥和

2017 年 5 月 17 日  星期三

在病区查房时，我看见一位中年母亲精神恍惚地站在走廊窗户旁打电话，还在低声哭泣。我忙走上去拥抱安慰她，询问她哭泣的缘由。原来，她是 3 号病房小兴的母亲，刚得知儿子感染艾滋病病毒，一时难以接受。小兴是因为患梅毒致头面部、四肢皮肤溃烂治疗时才发现感染艾滋病病毒的。我耐心地和他母亲沟通，指导相关的健康知识，并转介志愿者辅助。

小兴这几天身体恢复较快，可母亲还是有纠结责怪之意，不时会追问小兴之前发生的种种事情，让小兴沮丧不快。两人常常为小事发生口角，闹得很不愉快，小兴甚至用绝食来抗拒母亲，这让医护们也束手无策。我不得不和小兴及母亲反复沟通交流，分别对他俩辅助干预并且跟进。

病房入住了一位聋哑患者飞。飞是前几天才确诊感染的，他小时候因为生病致聋哑，母亲花了很大的心血养育他。如今得知儿子感染艾滋病病毒，也是一时难以接受。我和飞的母亲耐心沟通，为她提供了相关知识指导。

飞这几天病情稳定，父亲在一旁照顾。和病房其他艾友交流时，飞的眼睛会一眨不眨地盯着，不时能从别人的口型中辨听出一二，有

时还会和我微笑着点头参与。我送了一本自己的微博日记给飞，和他互加了微信以方便沟通。看到飞竖着大拇指朝我笑，他父亲的脸上也有了安心的笑容。

当能量很高的人出现时，他的气场会使得周边仿佛都变得美好祥和，而当一个人有很多负面意念的时候，伤害的不仅是他自己，也让周围气场变得不好。所以，做个自带正能量的人，让自己被美好包围！

人生所有的路，其实都是自己的心路。从黑暗走向光明，从束缚走向解脱，就是努力的方向。

打开心路，你会找到努力的方向

2017 年 6 月 9 日  星期五

有“艾”的人生依然可以很精彩！勇敢面对你无法改变的，努力改变你可以改变的。当确诊感染艾滋病病毒时，这一结果你已经无法改变，那就尽快接受，毕竟过去的已无法挽回。艾滋病像高血压、糖尿病一样是一种慢性病，及时规范治疗不会影响寿命，及时检测出来其实已是不幸中的万幸。

哪些是你可以改变的呢？首先是调整好心态，高兴、痛苦都是一天，不如让自己保持乐观的心态。其次是反思过去，更好地规划未来，更好地爱家人和朋友，学会惜福、惜缘。最后，从当下开始建立并保持健康的生活方式，改变过去的一些陋习，每天按时作息，平衡好膳食，适量运动。这样坚持下去，有可能会让你降低高血压、糖尿病和肿瘤的患病概率，以至于你的寿命也许会比同龄人更长。

对身体越执着，痛苦就越大，比如生病时，常常焦虑担心未来，但这种担心除了加重身心的痛苦之外，毫无益处。其实，每个人都避免不了老、病、死的痛苦，无常常伴左右，生命就在呼吸之间，与其担忧恐惧，不如好好利用当下的时光，多做一些有益于生命的事。

很多障碍，只是我们自己觉得无法跨越，其实只要换一个角度去思考，就会感到海阔天空。人生所有的路，其实都是自己的心路。从黑暗走向光明，从束缚走向解脱，就是努力的方向。

不能光凭一个人拥有的多寡来衡量幸福，因为拥有一切的那一刻也有可能失去一切，而失去一切的那一刻也有可能有所获得。

耐力和勇气，会让不公平变公平

2017 年 6 月 20 日  星期二

新病友艺来住院几天了，目前已不再发热，病情趋于稳定，由母亲在医院照顾他。今早他小姨从老家赶来看望母子二人，母亲忧心忡忡地和小姨在走廊聊着什么，时不时用手擦拭眼泪。因为不太了解疾病，艺的母亲和小姨多少还是有些惶恐、忧虑。艺请我和他母亲沟通，我便告知她一些与此病相关的知识和日常生活注意事项，并对艺的饮食进行了指导。

其实，艺去年已知晓自己被感染，可他选择了逃避，也没和母亲沟通。这次是因为反复持续发热才住院治疗的，经检查发现，艺目前的 CD4 只有 13 个。母亲也被动知道了艺的病情，看到母亲伤心难受，艺感到万分沮丧，情绪一直很低落。我和艺沟通，给予一些建议、指导，并引导同病房艾友对其进行同伴教育干预。

人们常常都说这个世界并不公平，有些人做任何事似乎都一帆风顺，而有些人做任何事好像都很不顺。但是，不能光凭一个人拥有的多寡来衡量幸福，因为拥有一切的那一刻也有可能失去一切，而失去一切的那一刻也有可能有所获得。

因此，这个世界并非完全不公平。而我们真正所需要的是，为了克服眼前所面临的磨难，必须培养出更大的耐力和勇气。

信任一旦失去，就很难再建立了。一个人总是周而复始地做让人失望的事情，等到真正需要帮助的时候就无人会帮了。

建立一份信任，是给自己留一个出口

2017年10月16日  星期一

小王转入外科病房时已经做完手术了。这次王爸接到电话从老家赶来医院照料小王，家里的稻谷都还没来得及收割。

每每治疗稳定回家后，小王总是无视医生的叮嘱，更听不进父母的规劝，我行我素，依从性极差，隔不了多久就因病情反复以致入院治疗。小王与妻子离异，5岁的孩子靠父母亲帮助养育着，这样三番五次的折腾使家里经济负担日益繁重，父亲已对他失望至极。

因为小王手术治疗需要照顾，王爸无奈只好赶来医院。待了两天，因惦记家里田中的稻谷，他心急如焚，吵着要赶回老家。我们不停劝说王爸，并让小王承诺自己今后会对自己负责，王爸却摇头说不再相信小王。在我们的好言相劝和小王真心悔过和再三保证下，王爸终于还是留下了。

信任一旦失去，就很难再建立了。一个人总是周而复始地做让人失望的事情，等到真正需要帮助的时候就无人会帮了。真心希望小王今后能践行自己的承诺，做好自我健康管理。

不要胡乱比较，因为很多痛苦都是因为比较而产生的。有时候生活没有改变，只是心情变了，多听到一些信息，反而让内心产生了障碍，失去了平衡，才在妄想的世界中沉浮不定。

找到灯塔，破除内心迷雾

2017 年 12 月 6 日  星期三

有外地艾友确认病情一年多，仍未开始抗病毒药物治疗（取药未服用）。经病友介绍，那位艾友和母亲一道来医院找到我。沟通过程中，艾友的母亲一直在不停地诉说、宣泄，她 36 岁的儿子则漠然地坐在一边看着母亲唠叨，极少和我交流，迫不得已时才会用点头或摇头来表达他的意愿。

似乎所有的事情，母亲都要为儿子考虑周全，儿子染病后，父母害怕他的同事、朋友知晓，便为儿子办理了内退手续，他们甚至将儿子反锁在家中长达半年时间，不让他外出，却说是为了儿子不去害人也不会被人害。试想一个 36 岁的成人有如此这般的遭遇，怎么还会有求生的欲望呢？我们又如何能规劝他服药？

所幸的是，艾友现在已被母亲送来住院进行抗病毒药物治疗了。在母亲外出的空档，我和艾友好好地沟通了一下，指导他如何做好自我健康管理，如何好好配合药物治疗，希望他会有所改变。

艾滋病患者遭受歧视的情况分很多种，过度保护就是其中一种。因为害怕儿子害人或被害，甚至是怕被亲朋知道，就将 36 岁的儿子关起来半年，这已经是极端的歧视和排斥了。虽然艾滋病患者在社会中常常遭遇偏见和排斥，但是并非所有的人都不接受。而如果自己被所

爱的亲人采取暴力或者冷暴力的排斥，则会给患者的心理和精神带来毁灭性的打击。希望病友家属能调整好自己的心态，从心底里接纳病友，给予他应得的作为“人”、作为“子”的待遇，帮助他恢复生活社交的信心！

对于艾友来说，生命是自己的，不管别人有怎样的偏见，总要内心笃定地往前走。在行走的路上不要胡乱比较，因为很多痛苦都是因为比较而产生的。有时候生活没有改变，只是心情变了，多听到一些信息，反而让内心产生了障碍，失去了平衡，才在妄想的世界中沉浮不定。殊不知，只有找到自己内心的灯塔，才能破除迷雾。

帮助艾滋病友自我认识，做好自我管理，提高治疗依从性，消除不良情绪，提高生活质量，我们从未放弃！

围坐一起，就是一个神奇的圆

2018 年 2 月 24 日  星期六

下午，外面空气中透着丝丝寒意，医院劳模创新工作室内却暖意融融。这里正在举行主题为“艾滋病友自我管理及自我认同对生活的重要性”的健康沙龙，来自全省各地的三十多位患者及家属参与了活动。

现场，我们的艾滋病专家做了关于自我管理的讲座和饮食指导，特邀心理咨询师为艾滋病友进行了心理辅导，指导如何接纳自我与社会身份，希望病友能在新的一年里拥有更健康更美好的生活！

章医生讲课生动详细，吸引了听众们的注意力。答疑环节，他耐

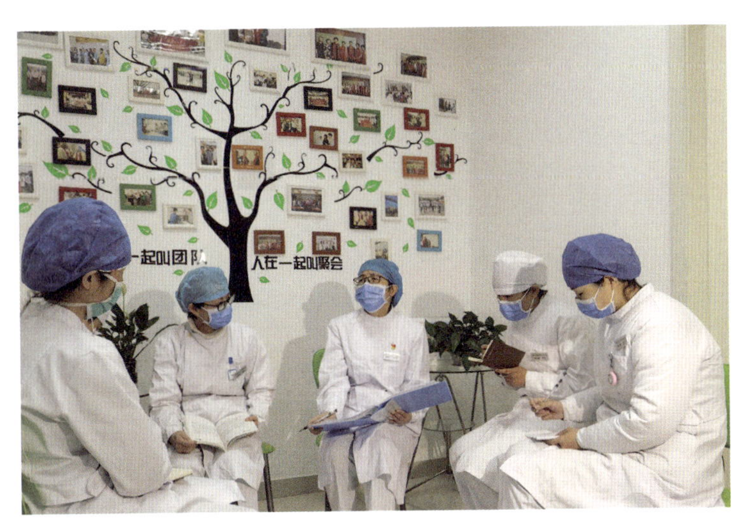

胡敏华与团队成员商议工作

心解答艾滋病友们的疑问。大家围坐在一起，形成了一个神奇的圆圈——大家通过密集互动，每个人都表现出积极的改变。

我们越来越相信，团体的影响与个性化的个体辅导同样重要。虽然我们暂时没有能力改变一些人对艾滋病的观念，但是我们奔赴在自由、平等、公平文化的路上，力所能及地为他们建立一些温馨的场所，创造一种充满关怀和理解的文化氛围，让他们正确认识自己的病情、重新看到自己的价值。

帮助艾滋病友自我认识，做好自我管理，提高治疗依从性，消除不良情绪，提高生活质量，我们从未放弃……

病魔的力量，有一半是来自于我们的烦恼与忧惧。既然已经如此，不如坦然面对，放松心情。害怕、恐慌解决不了任何问题，只有积极去面对、处理各种状况。

精神自救，让坏事情都成为过去

2018 年 3 月 22 日  星期四

在病房见到老章时，他正半躺着靠在床上，左手腕部缠着绷带，零星可见些许血迹，他的妻子茫然地站在旁边，时不时给老章喂点水果、开水，家里几岁大的孩子只能托亲友照顾着。

老章是因为身体不适、急速消瘦等原因来医院检查时发现感染艾滋病病毒的，检查结果让久病的老章一蹶不振，他趁妻子离开的空隙，在家用水果刀割腕自杀，所幸发现及时而幸免于难。在当地疾控人员的劝慰和介绍下，家人把老章送来我院住院治疗。

我和老章说了些疾病相关知识、健康管理经验，并分享了一些成功个案，他宽慰不少。尤其是得知妻子的检测结果为阴性时，他更是释然，表示为了孩子、妻子不会再做傻事了，将好好配合治疗，积极面对各种状况和问题。

病魔的力量，有一半是来自于我们的烦恼与忧惧。既然已经如此，不如坦然面对，放松心情。害怕、恐慌解决不了任何问题，只有积极去面对、处理各种状况。

其实每个病友都必定会经历这个痛苦的过程。不得不提醒的是，能救你的只有你自己！慢慢尝试着多关注、参与身边一些公益活动，转移注意力。相信一切都会过去！

对于病友来说，坚持的确很难，有时我也一样，虽然每天都在和病友们谈论着坚持、坚持，其实何尝不知活着本身就是一件需要坚持的事。

咬咬牙，相信自己一定能坚持下去

2018 年 4 月 23 日  星期一

住院的黄师傅这几天一直郁郁寡欢，他对治疗效果表示不满意。从去年 8 月确诊后，黄师傅在老家就开始服用抗病毒药物治疗，CD4 检测数目虽然从 4 到 12，再到 29，但是增长极为缓慢。这是因为他自己三心二意，药物依从性不好，说白了还是自己心里总迈不出疾病这个坎，想着无法面对家人，“放弃”这两个字一遍遍压抑着他，让他痛不欲生……

下午我和他沟通，耐心倾听他这几个月以来内心孤独无助的声音，适当给予他一些建议和指导，希望黄师傅能积极勇敢面对疾病的困扰，早日走出阴霾。

对于病友来说，坚持的确很难，有时我也一样，虽然每天都在和病友们谈论着坚持、坚持，其实何尝不知活着本身就是一件需要坚持的事。不过，每次看到病友们顽强的生命力和家属们的不离不弃，都会让我有所感悟和收获！

坚持可能只是源于一个小小的信念，仅此而已！咬咬牙，坚持下去，未来定会越来越好。

未来会怎样？要用力走下去才知道。路还长，而天总会亮。努力吧，即便明天未可知。

用力走下去，天总会亮

2018 年 4 月 25 日  星期三

从老家转诊来的小钱病情较重，一直吸着氧气。虽然他的爱人在病床边照看着，但她却并不知道小钱的真实病情。转院时，亲戚们作主不将实情告知小钱爱人。小钱的爱人因为太担忧丈夫的安危，人也有些恍惚。亲戚又瞒着她为她开好了初筛检测单，带她在门诊抽了血送检。

之后，在经管医生的劝告下，亲戚们才选择告诉了她丈夫感染的病情。小钱爱人初筛检测结果为待确定，医生去病房找小钱的爱人，告知她本人血样检测结果，并普及艾滋病相关知识。她当时整个人都崩溃了，只是坐着默默流泪。

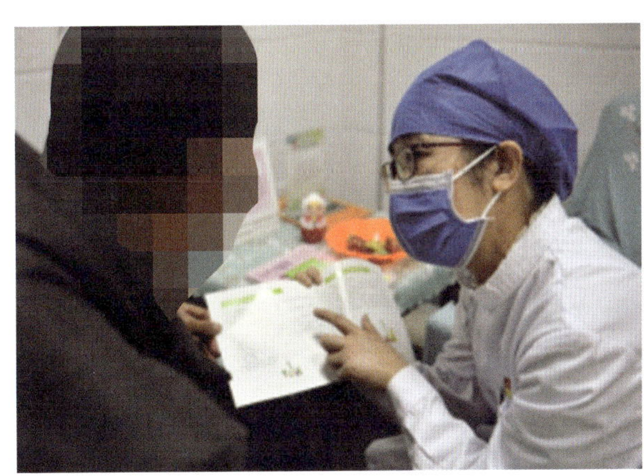
胡敏华为患者提供保健咨询

治疗了几天，小钱病情已经趋于稳定，他也慢慢让他的爱人知道了自己感染了艾滋病病毒的事实。他的爱人一边等

待着疾控中心的确认检测报告，一边忧心忡忡地照顾着小钱，对家里的两个孩子也记挂着放不下心。

疾控中心的检测结果出来了，小钱的爱人也确认感染，确诊后她便开始抗病毒药物治疗。由于刚服药，小钱的爱人胃肠道出现不适，可她每天还得在病房照顾着小钱，休息不好，营养也跟不上，身心疲惫是必然的。还好小钱病情开始稳定好转，这多少给患难中的夫妻一些安慰，这两天在他们脸上也能偶然出现一些笑容。

人的一生，难免遭遇各种困境，有时候你会觉得身心俱疲，甚至会想放弃。可是，未来会怎样？要用力走下去才知道。路还长，而天总会亮。努力吧，即便明天未可知……

放不下、想不通，是因为一味沿着自己原有的思维轨道走，不做出改变，就没有办法走出来。

放下过往，先从死胡同中走出来

2018年5月15日  星期二

小杨已住院好几个月了，他是2015年初确认感染艾滋病病毒的，病情稳定了两年，因服药依从性不到位，又不听从母亲的管理，身体陆续出现各种症状，人消瘦得变了形，母亲只好把他送来住院治疗。

目前，小杨身体恢复挺好，可他就是不想出院，也不和人沟通，吃喝都是从网上订购。母亲也认为让他在医院住院管理比较好，比在家保险安全，管床医生多次找她沟通出院事宜都无果。

其实只要做好自我服药管理，在家休养也许比住院休养更合适。艾友开始抗病毒治疗后，该如何自我管理服药时间？服药时间因每个人的生活习惯和工作方式不同而不同。感染者或患者可以采用一些简单、方便、适合自己的方式来提醒自己按时服药，如家人提醒，用手机设置闹铃，在日历上标记“√”，也可购买7天药盒并将药盒放置醒目地方或每天随带在身，或是在冰箱门或者床头灯旁张贴服药提醒便条等方法来提醒服药。

放不下，想不通，是因为一味沿着自己原有的思维轨道走，不做出改变，就没有办法走出来。

命运有时喜欢开些玩笑让人煎熬，有时又喜欢仁慈地藏下玄妙伏笔。世间没有什么事是一定的，即使我们是错误的开始，也未必就不能走到完美的结束。

昂然向前，机遇或许就在下一秒

2018 年 5 月 17 日  星期四

从艾友母亲电话向我求助至今已过去半年多时间了，艾友已开始接受抗病毒药物治疗。他依从性良好，也能坚持做好自我健康管理。母亲为了儿子学习使用微博，搜索我写的与她儿子病情有关的微博记录。父亲也接纳了儿子感染艾滋病病毒的事实，一家三口的生活又走上了正轨。这一切儿子都看在眼里，心中充满了感恩。这一切都让儿子发生改变，父母亲陪着儿子一道来医院和我见面交流，顺便咨询了饮食、婚育等相关问题。

真高兴艾友在患病后仍能享受着家人的关爱和平静生活，良好的家庭氛围和家人充满爱意的支持，都是艾友规范接受治疗、保持良好依从性的动力。期待他在往后的人生路上也能收货友情，被时光岁月温柔以待！

命运有时喜欢开些玩笑让人煎熬，有时又喜欢仁慈地藏下玄妙伏笔。再深的绝望，也只是一个过程，总有结束的时候，回避始终不是办法。鼓起勇气昂然向前，或许机遇就在下一秒。

要相信，世间没有什么事是一定的，即使我们是错误的开始，未必也就不能走到完美的结束。

不是所有事都能随心意，有时候总需要等一等，时间会给你想要的答案。

等一等，时间会给出想要的答案

2018 年 6 月 28 日  星期四

已经服药 2 年的一位艾友的爱人加我微信，说这两天身上起了红点，担心被丈夫传染了。在谈及刚知晓丈夫婚前的性取向时，她感觉自己的婚姻就是一场骗局，自己完全是在被骗的情况下结婚生子，如今婚姻生活十分冷漠，简直过不下去了。

2 年前，在丈夫刚确诊感染时，她已经做了抗体初筛检测，因结果是阴性而排除感染的可能。可是，平时和丈夫生活在一起，她总是会担忧感染，已经生育两个孩子的她该如何抉择是目前最迫切的问题。她想知道我是怎么看这个问题的。

其实，每个人最难处理的就是自己和自己的心理对抗问题，接受并与之和平相处谈何容易。生活里的不如意总会化解，碰到再难的，时间也会出手解决。只是这过程里的情绪困境，要颇费些脑筋。不是所有事都能随心意，有时候，总需要等一等，时间会给你想要的答案。

别人能够给予我们的只能是外界的一些帮助，最终还要靠自己站起来。

哭过之后，请勇敢站起来

2018 年 7 月 25 日  星期三

在病房里，志愿者小檀正和艾友小李沟通，他静静地听着小李的倾诉，默默地陪伴着他。小李是从外地转诊过来，因为胆囊结石住院发现感染艾滋病病毒的。万幸的是，他的妻子检测结果显示没有感染，家里还有两个孩子，大的 10 岁，小的也有 8 岁了。

小李情绪很低落，一边输液一边低声哭泣。谈及感染艾滋病病毒后的顾虑，对生活、工作造成的影响，对家庭的打击等，小李逐渐泣不成声。我们唯有陪伴、倾听，尽量给予他支持与帮助，如给予他艾滋病相关知识指导以及抗病毒药物治疗依从性管理，并进行心理辅助干预等。

对于新艾友来说，疾病恐慌是最致命的，其实在哪吃药都不是问题，关键是调整好心态，积极配合治疗，近期目标是保持健康的心态，然后再言其他。要相信，坚持就能看到希望！

刚开始时，抗病毒药物治疗都会有一个适应过程，艾友可能会有一些身体不适，必须克服，坚持吃药（不能耐受，请及时就医）。半个月后，要记得去医院抽血检查，监测药物副作用。医生会根据检测结果为你诊断的，千万不要擅自停药。

服药后定期随访很有必要。随访的目的包括让医生及时掌握感染者或患者的临床状况、监测药物的疗效和药物的不良反应，而不仅仅是

去医院取药那么简单。因此，感染者或患者本人要亲自去医院随访。

其实,别人能够给予我们的只能是外界的一些帮助,最终还要靠自己站起来。要正视当下、接受当下、过好当下，让这一刻踏实下来，才是解决问题的正确打开方式。

在不断指责别人的时候会消减自己很大的能量，且于事无补。

停止抱怨，走出消极情绪怪圈

2018 年 8 月 1 日  星期三

今天，我在门诊看见小坤在抽血，他妈妈今天带他来医院复诊取药。又黑又瘦的小坤倒是挺乖巧，抽完血后坐到候诊椅上吃着鸡蛋等早点。看他吃得小心翼翼的样子，可以想象得出他平时的食量。

和妈妈聊及小坤的自我管理和服药依从性情况时，妈妈不停地抱怨小坤不听话、不肯吃有营养的食物、不好好休息，经常熬夜晚睡等。小坤边吃边听着妈妈的诉说，不好意思地低着头保持沉默。

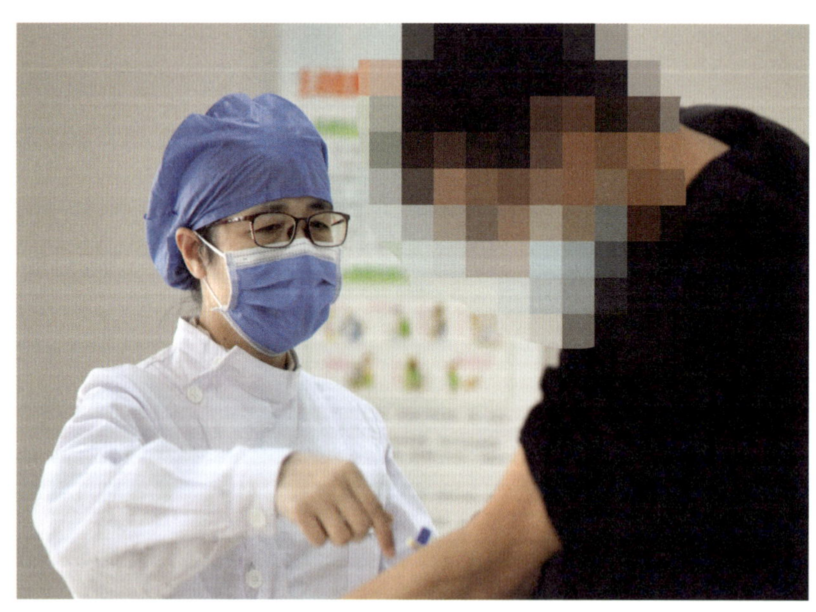

胡敏华护理门诊患者

我停下来和小坤做一些沟通交流，用打比方的方式让他感受到做好自我管理对疾病康复的重要性，小坤不停地点头和我互动。而此时，他妈妈却还在一直强调小坤不听话。其实，孩子这样的状态对他今后的行为改变肯定会有影响，所以对小坤妈妈的指导干预尤为重要，让她停止指责和抱怨对她和小坤都会更好。

生病的人一般都有负面的意念，他们喜欢抱怨、指责、仇恨别人，其实担负长期照顾患者的家属也是一样，他们长期压抑会对患者产生积怨。殊不知，在不断指责别人的时候会消减自己很大的能量，且于事无补。

生活哪里才是终点，这没有答案。路却只有一条，就是你选择的那条。

正确的那条路，始终是对自己负责

2018 年 9 月 11 日  星期二

感染者服药后出现的不良反应可能会给身体和生活都带来影响，故上药后切记遵医嘱返院复诊检测。很多感染者受限于自身经济条件以及对药物不良反应的认识不足，并没有及时到医院检查，往往等到身体出现症状后，才知道药物毒副反应已经到很严重的地步。

并非所有吃同种药物的人会产生同样或同等程度的不良反应，所以大家不要有“服用某某免费药必定会对身体产生某种损害”的观点。当服药后出现的不良反应没有随着时间的增长逐渐好转，或是持续加重超过 2 周，需转至指定医院进行评估和治疗。

新上药的艾友服药后应注意调整生活习惯，避免加剧不良反应的严重程度，如服用克力芝后引起腹泻，应避免食用高脂、高糖及辛辣刺激的食物，以免加重肠胃负担。

感染者要想拥有正常人的生活，最起码要做到两条：一是尽量在免疫力还没被完全摧毁前接受治疗，简单来说就是早发现、早治疗。二是好好服药，并保持终身做好自我健康管理，持续将体内病毒量控制在检测水平以下。

其实，生活哪里才是终点，这没有答案。也许没有更好的路，只有一条路，就是你选择的那条路。关键是，要勇敢地坚持走完。

耐心点，坚强点，即使看不到希望，也要相信自己。真正努力后，你会发现自己要比想象的优秀很多。

坚强点，你会对未来充满期待

2018 年 10 月 16 日  星期二

艾友平时吃药很难做到一分钟不差，但是最好不要与固定时间相差超过两个小时，尽量在固定时间服药，这样可使血药浓度在尽可能小的范围内波动。而且在固定时间服药久了，容易养成服药习惯，一旦习惯养成，就会减少漏服的可能。如果确实有事情耽搁，漏服了药物，只要没有超过服药间隔时间的一半，就应立即补服。要知道，每天按时吃药是防止耐药的最大保障。

如果艾友平时依从性很好，偶尔因为一些意外原因导致晚服药物几个小时，心理负担也不要太大，立即补服就好了。如果发现的时间已经很接近下一次服药的时间，或者补服时间对正常工作有影响，那就直接跳过上一次服药，当作漏服一次，下一次服药也不用加倍服用，正常服药就好。当然，偶尔漏服一次无需过度担心，但随意中断治疗，尤其是连续两天或者两天以上给服药“放假”是很危险的！

耐心点，坚强点，即使看不到希望，也要相信自己。真正努力后，你会发现自己要比想象的优秀很多。

我会将《彩虹》分享给我的病友、网友，让他们能从中感悟到多元精彩的世界、包容的胸怀、理解的智慧、爱的勇气和仁慈！

爱是最美的彩虹

2019 年 1 月 31 日  星期四

今日收到三色堇吴幼坚吴妈妈寄来的著作《彩虹》，非常感谢吴妈妈！

吴妈妈是一名退休编辑，也是国第一位在媒体上公开支持同性恋儿子的母亲。她投身公益事业 13 年，通过各自方式为性少数群体服务，《彩虹》是她在 71 岁完成的 26 万字的纪实文集，书中记录了她与性少数群体中个体生命相遇相交的故事。

我会将此书内容好好分享给我的病友、网友，让他们能从中感悟到多元精彩的世界、包容的胸怀、理解的智慧、爱的勇气和仁慈！爱是最美的彩虹，唯愿《彩虹》温暖人心！

想到很多因同性恋而遭遇家人反对和冷遇的艾友，真是觉得心疼。他们本是正常的心理和生理需求，却因主流文化的排斥而遭受歧视，甚至不容于家人。如果家人能给予更多情感支持，学校能给予更多安全知识教育，是不是他们就不用活得这样辛苦？

感谢吴妈妈这些年给予我、病友及家属的帮助和支持！欢迎吴妈妈来南昌和我们江西的“同志”交流互动，给他们带来充满包容的温暖和坚定的支持！我们一起用爱与善良做礼物，送给那些需要帮助的人！

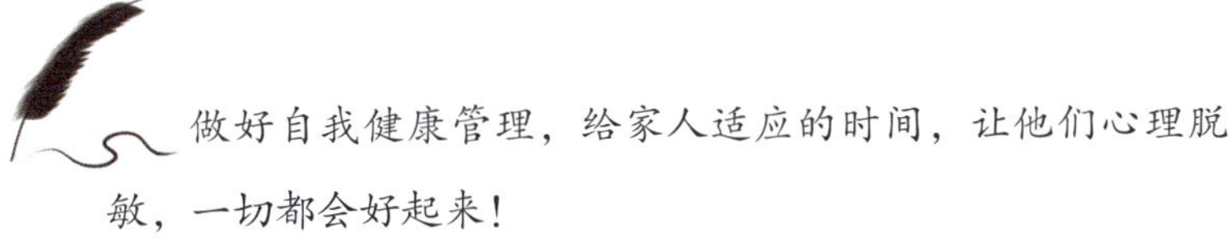

做好自我健康管理，给家人适应的时间，让他们心理脱敏，一切都会好起来！

时间会告诉你：一切都会好起来

2019 年 2 月 15 日  星期五

前天中午接到一个咨询电话，电话里的人说家里 80 多岁的老人在年前因为消瘦、便血在医院诊治，诊治时艾滋病病毒抗体初筛检测显示阳性，家里所有成员惶恐不安，纷纷到医院做了检测。而后，他们把老人送至另一处住房单独居住，家人轮流送食。他打电话的目的是咨询老人搬走后的房间要如何消毒处理，要如何照顾老人并为其治疗。我向咨询者普及了艾滋病相关知识，告知他确认感染后的治疗流程及照护技巧，还帮助家庭建立了支持系统。

今天，老人已被家人送来住院治疗了。老人十分消瘦，出现呼吸道感染和肠道真菌感染。由于子女均需上班，老伴已去世多年，家人为老人找了陪护人员照顾。现在，经治医生、志愿者已和其家人反复沟通干预。

做好自我健康管理，给家人适应的时间，让他们心理脱敏，一切都会好起来！

有所经历，才有所阅历；有所挫折，才有所收获。把每一次坎坷都当作一场蜕变，因为每一次跌倒都会有一番领悟。

别抱怨，学会在磨难中汲取能量

2019年3月19日  星期二

一早从老家赶来医院复诊取药的老焦夫妇做完检查的，在医院大厅等待结果。两人别扭地分开坐着，老焦爱人时不时转头数落着老焦，情绪起伏不定，老焦则沉默无语。

今年已经是老焦夫妇吃药的第3年了，老焦依从性挺好，但他爱人却一直不能接受自己感染艾滋病病毒的事实，药物治疗断断续续，常出现机会性感染而反复住院，还不时去各大医院抽血检测艾滋病病毒抗体。

老焦爱人拿着一叠检测结果，说老焦让她吃早了抗病毒药物，药物副作用大，而途中因自己擅自停药后又出现淋巴肿大、口腔溃疡感染等，以致她很害怕医生干预重新进行抗病毒药物治疗，所以一直坚持说自己没有感染艾滋病病毒。事实上，老焦爱人在各地疾控中心做的确认感染艾滋病病毒的检测报告有好几张，她却否认现实。医生建议老焦带她去看心理医生，以便对其进行对症干预。

有所经历，才有所阅历；有所挫折，才有所收获。把每一次坎坷都当作一场蜕变，因为每一次跌倒都会有一番领悟。无论生活给你什么样的难题，别去抱怨，坚持走完。

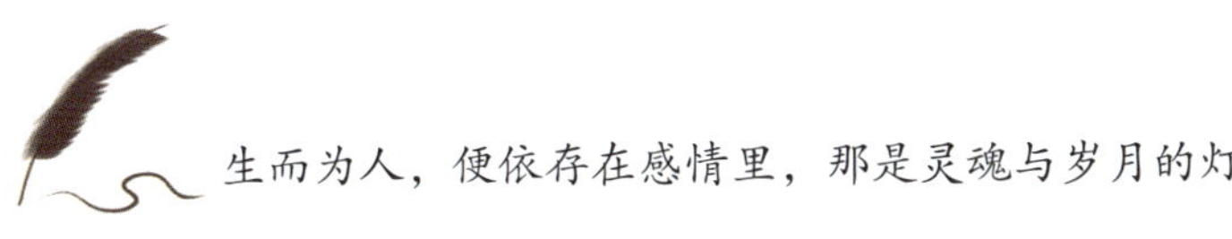

生而为人，便依存在感情里，那是灵魂与岁月的灯塔。

生死相依，是最美的承诺

2019 年 3 月 27 日  星期三

聋哑艾友老刘住院了，因为感染艾滋病病毒持续发热不退，他的老伴在旁照料着。二人都是聋哑人，子女在外地工作回不来，我们与他们的日常沟通交流还是存在一些问题的，时不时需要用纸笔书写互动。一来二去的，护士们也学会了些哑语手势。

老刘服药近 4 年了，离上次住院已过去了 3 年多时间，老刘的老伴上午见到我很是亲热，拉着我在老刘的床边聊了许久，聊了饮食、营养、家人、健康管理、注意事项等。为了方便交流，我和她互加了微信。夫妇俩一直笑嘻嘻的，让同病房的三位病友也受到不小的鼓励。

患难夫妻彼此关爱与扶持，为冰冷的生活中注入了暖流，让人心疼，又让人艳羡。期待社会上能成立更多的慈善机构或者有更多的志愿者加入我们的队伍，给那些像老刘夫妇一样双双感染艾滋病毒、子女又不在身边的空巢老人更多关注和帮助，也给那些胸中充满温暖与善良的人一个安稳的生活环境！

生而为人，便依存在感情里，那是灵魂与岁月的灯塔！愿老刘夫妇平安健康！

请多给彼此一点时间，去接纳，去和解，去向前。就像父母和孩子之间，也像往事和岁月之间。

与其诅咒黑暗，不如点燃蜡烛

2019 年 6 月 24 日  星期一

上个月月底，在外地工作的小王身体出了状况，发热、咳嗽、气喘……他告假回老家治疗，当地县医院接诊后把他转诊到了省城综合医院，因怀疑他感染艾滋病病毒而初筛、确认检测折腾了几天，后来他父母和亲戚帮他转诊来我们医院住院治疗。那天下班后，我去病房看了小王，他的病情挺严重的，他戴着面罩吸氧，十分紧张地半躺在病床上，父母坐在床边也万分忧虑。我和小王聊了一些相关病情和注意事项，要求他放松、积极地配合治疗。

现在，小王病情稳定，已经开始进行抗病毒药物治疗，每日食欲挺好，吃药也没什么不适。母亲在病房照料着小王，变着花样给他送吃的，小王看上去也精神很多。在病房看到他们母子二人脸上的笑容，真让人开心。

后来在劳模创新工作室接待了另一位艾友小阳，他在献血时检查艾滋病病毒初筛显示阳性。他觉得不可思议，便自己买试纸检测，后来又去疾控中心和医院反复检查，结果都是阳性。我和他见面的时候，他整个人处于极度恐慌当中，说话都不利索。他说事情都安排好了，遗书也写好了，我开导了他一个多小时，而后互加微信联系。他今天说自己想明白了，无论治疗到最后的结果怎么样，都要坚持活下去。是啊，与其诅咒黑暗，不如点燃蜡烛。

艾友和艾滋病病毒，请多给彼此一点时间，去接纳，去和解，去向前。就像父母和孩子之间，也像往事和岁月之间。因为艾友和艾滋病病毒早就休戚相关，“血肉相连”。

希望我们的社会包容度越来越大，能给病友们更多的支持，让他们也能生长在阳光下，沐浴于春风里。

身处阴影中，也应看见光

2019 年 8 月 21 日  星期三

下午我去病房见了从皮肤病院转诊来的张大爷。他今年 76 岁，老伴已去世多年，是因为患皮肤病住院才发现感染艾滋病病毒的。张大爷的子女均在外地务工，他们知道父亲感染了艾滋病病毒，大概是因为害怕，无人前来探视。在医院，张大爷从来都是独来独往，不和邻床交流，一个人十分孤寂，治疗结束后便躲着抽烟，让大家十分忧虑。

有时候，人与人之前的情感真的经不起考验，哪怕是至亲骨肉，在生死甚至是利益面前，也脆弱得很。但即便这样，我们也不能丧失生活的勇气，不能因此而陷入颓废的漩涡，就像我们最终能原谅自己的错误一样，也应该允许别人偶尔脆弱或者犯错。同时，我想再一次提醒大家，艾滋病并没有我们想象得那么可怕，它需具备一定的条件才能传

胡敏华在工作室写工作日志

染，一般护理、探视不会有问题，不用将其视若洪水猛兽。当然，我们更没必要为其戴上道德的枷锁并站在制高点审视它，艾滋病只是一种具有传染性的慢性疾病，只是治疗它时没办法一蹴而就，需要终身服药。因此，希望患者的家属能勇敢、理性一些，给病人足够多的理解、关爱和支持，毕竟有爱护航，生命才会更有活力。

另一个艾友小小还是个两岁半的孩子，却已经开始抗病毒药物治疗了。她目前还不会说话，坐在病床中间输液时，一边咿咿呀呀地抱着奶瓶喝奶，一边还时不时拉扯着妈妈手中的葡萄想吃。小小的妈妈也是感染者，曾在当地领取了抗病毒药物，但妈妈依从性不好，吃药常常间断，半年前她终于因发生较重的机会性感染转来南昌住院治疗，出院后在志愿者干预下才坚持服用药物。这次她是带小小来医院求治的，并遵从医嘱开始了抗病毒药物治疗。这次她表现挺好，尽管自己也时不时地出现身体不适，但始终坚持照顾小小。小小的奶奶、爸爸也不离不弃，轮换着照顾她们娘俩。

年幼的孩子生命刚刚开始，却要接受命运如此的打击，真令人唏嘘。可以想象得到，孩子的身体素质和未来的生活环境和教育资源都会受到很大影响，万幸的是她还有家人的疼爱和照顾，让她的未来有了一些光亮。希望我们的社会包容度越来越大，能给病友们更多的支持，让他们也能生长在阳光下，沐浴于春风里。

我们太忙碌，站在阳光下太久，所以看不到更多人的疾苦，因为望着光的时候，很难看到身后的阴影，就像普通人难以理解患者的痛；可是，当我们停下来转过身时，或者冷不丁站到阴影里时，就会和阴影较劲，甚至忘却了眼前其实是有光的，就像艾友张大爷忽略了我们医护人员以及其他病友的关爱。光是亮，是爱，是温暖的传递，愿每个人处于阴影中时，都能看见光，拥有光。

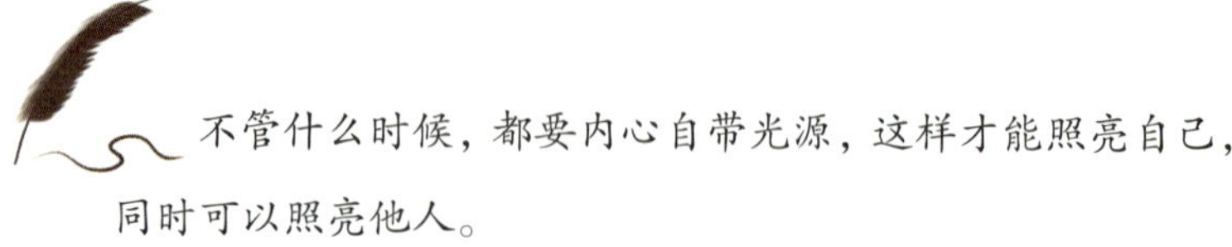

自带光源，让前途因你而亮

2019 年 9 月 27 日  星期五

9 月 25 日，我曾去妇产科病房探访了准备做手术的艾友大娘。她服药 3 年多了，今年发现患有宫颈癌，从外地转诊来住院动手术。因临近国庆节，她女儿请假来医院陪护她。看到我们，大娘不停地倾诉着患病以来的种种事情，不时地偷抹眼泪，担心手术可能出现的各种问题，并表现出害怕、不适等，我只好耐心地向大娘进行术前指导、心理干预。

9 月 26 日，已顺利完成手术的大娘看上去挺好的，已经在女儿的帮助下开始下床活动，进食了少许米汤。之前一直担忧思虑的状况迎刃而解，让大娘心里的石头落了地，她满心欣慰。

下班路上接到兄弟医院某主任的电话求助，说其科室有一位病友，人很年轻，患癌症晚期，去世前想捐献器官遗体，不知如何联系操作。我了解后便帮助他联系江西省捐献者之友协会会长，向他说明病友意愿，并和他计划上门探访病友，助其完成最后心愿。

无论是即将面对手术的患者，还是面临离世的病友，他人也许会在你的光亮中继续前行，也有可能带着你的光亮一同前往美好的明天。不管什么时候，都要内心自带光源，这样才能照亮自己，同时可以照亮他人。

人只要换一个态度看一件事，那件事便可以有千万种不同的模样。而美好也正是那么来的，随着时间的流逝，总能够诠释出最美的美好。

换一种态度，美好会不期而遇

2019 年 10 月 23 日  星期三

昨晚下班时，我坐电梯时忘记按楼层按钮，本想下楼的我在电梯门打开时才发现上行到了外科病区楼层。电梯外的人往里走时，我看见走道上一位病友家属笑对我微笑致意，我也赶紧致以微笑问她：“你认识我？你是谁的家属呢？”她说：“我肯定认识你啊，我丈夫抗病毒药物治疗三年了，昨天从外地回来做手术的。”我一时间想不起来是谁，随后她和我聊起家里的情况，聊到了当初发现患病时的无助，以及吃药稳定后丈夫遭遇的意外……

我才想起，原来她是我们科室曾收住的一位在外地务工病友的家属。她爱人去年意外摔伤，左侧上、下肢体受伤严重，在当地住院手术后上肢恢复不好，之后辗转治疗最终截肢。当时我也联系了志愿者与其电话对接，志愿者给予了他们力所能及的帮助和支持。

我和她一起进病房看望了那位病友。看到我，病友很高兴，我倾听并与他们聊了很久……愿他们越来越好吧！

同病房还有两位艾友。一位是老大爷，刚发现患病一月余，是从外地转诊来院的，过两天手术，儿子会来照顾；另一位是我们的老病友，服药五六年了，昨天白天刚做了手术，有父亲在旁细心照顾陪护，挺幸福的！

人只要换一个态度看一件事，那件事便可以有千万种不同的模样。而美好也正是那么来的，随着时间的流逝，总能够诠释出最美的美好。

心路不开，愁思就会绵长，焦虑、恐惧本身解决不了任何问题，不如静下心来分析问题产生的根源和最好的解决方式，然后积极去实践，才有可能让脚下的路越走越宽。

心路打开，脚下的路才会越走越宽

2019年12月13日  星期五

前几天收到一封网友的求助信件，他的问题是“口交会感染艾滋病病毒吗？”并且深深为曾有过这种行为感到自责和后悔。

非常感谢网友对我的信任，其实从生理需求和道德标准方面来说，我觉得“口交”并没有什么不光彩或见不得人的地方，根本不需要因此产生负担和压力。我们需要注意的是，不管是什么样的性行为，要有足够的安全意识，在不充分了解性伴侣时，不要冒险发生高危性行为。

对于同艾滋病病毒感染者口交会不会感染艾滋病毒，要分情况而论。发生口交行为时，如果一方精液或者前列腺液中有足够多的艾滋病病毒，那就有可能将病毒传至另一方口腔中，进而导致对方感染。当一方（接收方）口腔中有溃疡伤口，而另一方（插入方）是艾滋病病毒感染者并伴有有其他性病时，会增加艾滋病病毒的传播风险。相对来说，插入方从接受方的唾液中感染艾滋病病毒的风险会小很多。虽然唾液中能够检测到艾滋病病毒，但相对精液和阴道分泌物而言，其含量很低，因为唾液的一些成分会抑制艾滋病病毒的活性。

因此，对于网友而言，当务之急是去专科医院或者检测中心检测自己是否感染了艾滋病毒。就算感染了，也不要过于自责和害怕，调

整好自己的心态，积极应对，及时且规范的治疗，会让自己的身体遭受最少的伤害。

生活中我们常会遇到一些令人不安、苦恼的问题，并由此产生焦虑、恐惧、自责的负面情绪。但是，心路不开，愁思就会绵长，焦虑、恐惧本身解决不了任何问题，不如静下心来分析问题产生的根源和最好的解决方式，然后积极去实践，才有可能让脚下的路越走越宽。

困境总会过去，而经历过困境的人，却会在这个过程中变得更乐观、更有力量。

一切困难都是为了让我们变得更强大

2019 年 12 月 16 日  星期一

有的艾友因担心药物副作用而不敢吃药，有的艾友想等待自费药品降价后再买来吃，这都是不可取的。害怕与恐慌永远解决不了任何问题，只有积极去面对、处理各种状况，调整心态，配合医生诊治并及时抗病毒药物治疗才是正确的。切记，近期目标是保证身体健康和调整好心态，这是重中之重！在未来，一定要做好自我健康管理，保持良好依从性，并定期复诊。

其实，只要是药，都有副作用！由于体质各异，不同的人对同一种药物产生的副作用、作用程度和持续时间都会不一样，也并非每个人都会有副作用。所以，不要因为怕副作用而拒绝治疗，要知道，药物副作用对人体的损害远远小于艾滋病病毒对人体的损害。早治疗，规范服药，绝对是利大于弊！

一切困难都是为了让我们变得更强大！至少可以让我们的承受能力越来越强。困境总会过去，而经历过困境的人，却会在这个过程中变得更乐观、更有力量。

抬头看看蓝天，出门看看花草，和家人朋友多坐坐，你会发现，生命啊，还有这么多美好！

没有什么过不去的，时间会治愈一切

2019年12月26日  星期四

今天门诊来了俩艾友，男的是“同志”，在我们这里上药、吃药几年了；女的在外地上药、吃药也两年多。他们经人介绍认识后，决定一起组建家庭。如今订婚近半年了，却是吵闹不断，预料到的、未预料到的各种问题接踵而至，让两人疲惫不堪。我和他们分别沟通干预，他们都有自己的想法，并不能（抑或不知）为对方设身处地地多考虑，更不愿意为对方稍稍改变一些。

我想，生活多磨难，决定在一起抱团取暖是一件美好的事情，我建议他们双方做出抉择后都应该为自己的选择付出努力，并尝试为对方做一些改变，彼此之间多理解、多包容。要相信，自己的改变会慢慢使对方最终有所改变的。

“没有谁会无条件地陪你，连影子也会在阴天缺席”。没有一种难过是值得的，但也没有什么是过不去的，时间会治愈一切。抬头看看蓝天，出门看看花草，多和家人朋友坐坐，你会发现，生命啊，还有这么多美好！

人生就像一个储蓄罐，自己投入的每一分努力，都会在未来的某一天，回馈于自己。

感恩艾友，我也有穿着防护服的画像了

2020 年 3 月 21 日  星期六

今天已经是我们援鄂回南昌后的第 3 天了，前两天完成了最后两篇驰援武汉日记，终于了却心结，做了驰援武汉的终结记录。这两天浏览微博私信，才发现已经积压了很多未回复的信息，真的非常抱歉。

今年开年以来，因新冠肺炎疫情肆虐，从进驻医院新成立的隔离病房到驰援武汉“征战前线”，五十多天里，我很少将时间和精力花费在我们的艾宝身上。而艾宝们因为爱护我，也比较克制着尽量不发私信打扰我，感谢大家对我的包容和谅解！

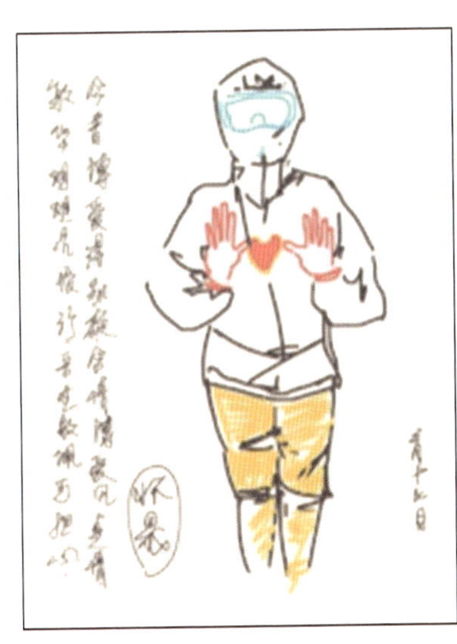

艾宝所作的胡敏华抗疫画像

许久未联系的艾宝突然在微信上发给我三张漂亮的画像，画的是我。这让我很惊喜、感动，终于我也有了穿着防护服的画像了！感恩艾宝，谢谢你们一直在挂念担心我！

人生就像一个储蓄罐，自己投入的每一分努力，都会在未来的某一天，回馈于自己。而自己所要做的，就是每天多努力一点点。

武汉方舱里的伙伴们大多数已结束隔离回家休养了，微博私信里、微信群里不断传来好消息，好几位方舱伙伴们痊愈后自愿去武汉血液中心无偿捐献了恢复期血浆，为救治新冠肺炎患者生命贡献自己的力量！

“捐献血浆传递爱，生命因你而精彩”。感谢方舱的伙伴们无私奉献爱心，做爱和希望的传播者！让爱在方舱外涌动、蔓延！感恩有您们，我亲爱的战友们！

往事繁花似锦，回忆温暖如初。而转瞬即逝的相逢与离别，每一个瞬间，我都想要珍惜！

TIPS

艾滋病，能治得好吗？

（1）在人类共同的努力下，艾滋病已不再是当年人们眼中的世纪绝症、超级癌症。

虽然艾滋病仍然无法根治，但通过高效抗病毒药物治疗（鸡尾酒疗法）后，可以非常有效地控制病情的进展，延长生命，长期存活。

（2）国家免费为艾滋病病毒感染者提供抗病毒治疗的基础药物；我省为贫困艾滋病病毒感染者提供救治帮扶政策。

（3）规范治疗可降低HIV相关发病率和死亡率；感染者积极治疗可预防传播。

（4）只要早期发现、及时治疗、坚持治疗，不仅可以减低对自身健康的危害，还能够最大限度地减低传播风险！

很多人生病后，不是死于疾病本身的痛苦，而是死于对疾病的恐慌、担忧和畏惧。

信念坚定，一切都无可限量

2020 年 9 月 1 日  星期一

上午的门诊大厅，挂号就诊的患者络绎不绝，在候诊的艾宝中有好几位陌生的面孔，或沮丧，或忧思，或忐忑。

我和前段时间手术后来医院复诊的老吴寒暄了一番，顺便了解了他的一些近况，还有他志愿对接的一些艾宝的情况。其间，我看到了拿着疾控中心转介单和档案袋在候诊的小桐，他像个仍未出校门的学生，怯怯地顾盼着；还有坐在小桐不远处刚出院的小叶，人苍白虚弱，湿汗淋淋，似乎随时都可能出状况。

小桐大学毕业工作 3 年了，他家在外地，自己网购试纸检测阳性而来求助，在疾控中心确认感染后来医院上药，非常恐惧不安。他问询我的第一句话是："阿姨，我还可以活下去吗？"和其他患者比较起来，小桐应该算很幸运的，CD4 检测结果显示比较高，发现早、转介早，开始抗病毒药物治疗干预也早，如果能做好自我健康管理，保持良好的依从性，定期复诊监测，就可以和正常人一样生存。

病魔的力量有一半是来自于我们的烦恼与忧惧。但害怕恐慌永远解决不了任何问题，只能积极去面对、处理各种状况。当你认为自己不行时，你真的就不行了；当你觉得自己病倒了时，就真的起不来了；当你认同医院的判决只能活 3 个月时，3 个月就是你的死期……

这是一个看似很荒诞，但又很现实的事实。很多人生病后，不是

死于疾病本身的痛苦，而是死于对疾病的恐慌、担忧和畏惧。而事实上，当信念坚定不被负面情绪牵动，意志坚定不动摇时，一切都无可限量。

所以，艾宝们请依靠内心观念的修正、饮食生活的调整、身心健康的训练，配合治疗来让生命重焕生机，心态平和地做好你该做的事。

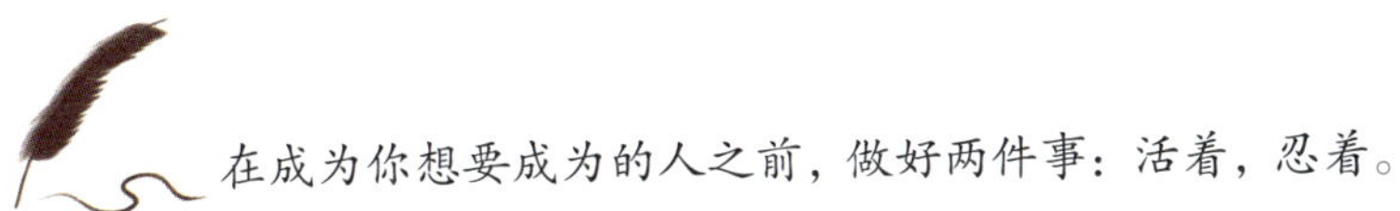

害怕与恐慌，永远解决不了任何问题

2020 年 9 月 3 日  星期三

时间飞逝，转眼两三个月就过去了。一位艾宝来医院候诊，见到他时我还有点懵，弄不清他是微博里的谁，后来才知道我们 6 月份曾在微博私信约好复诊时见面的。

得知这位高高瘦瘦的艾宝小涂涂之前居然一直在微博与我交流互动，确实让我有点小兴奋。复检完毕取好药物后，小涂涂向我述说着他的服药经历和艰辛苦楚，还有他近期毕业后的求职境遇，等等。抗病毒治疗服药并没有给他增添多少负面情绪，反而让刚毕业的他更坚强，更成熟，成长得也更快。

刚确认感染的艾宝害怕生病、害怕死亡，害怕孤独……恐惧是最常出现的负面情绪，它的体验是不积极的，身体也会有不适感，甚至会影响工作和生活的顺利进行，更有可能引起身心的伤害。

然而，害怕和恐慌是永远解决不了问题的，何况艾滋病只是一种慢性病。日常生活中，艾宝们要注意自己的负面情绪，及时进行调整，好好治疗，保持心情安静，控制不良情绪，避免精神紧张和不良刺激。

负面情绪一旦产生，大家可以通过参加体育锻炼或者户外活动，使自身处于一种大汗淋漓的状态，这是一种放松自我的方式。也可通过想象、憧憬一些美好的事物，让自己能够身心愉悦，而不是一味地恐惧害怕。当然，睡觉、洗澡、泡澡、按摩等生理享受也是忘却负面情绪的有效方法。此外，还可尝试学画画、习书法、种花、养鸟、下棋、欣赏音乐等，用心去适时调整自己的负面情绪。

在成为你想要成为的人之前，做好两件事：活着，忍着。

最艰难的时候，别老想着太远的将来，只要鼓励自己熬过今天就好。

别怕，药物不良反应是因人而异的

2020年9月29日  星期二

抗病毒治疗药物的不良反应一直困扰着艾宝，也是许多艾宝难以决定是否开始服药的因素之一，很多艾宝服药前会到网上搜索关于抗病毒药物不良反应的信息，或加入艾友群咨询艾友曾有过的不良反应经历，特别是艾宝对抗病毒药物出现不良反应时的耐受及处理。这样一来，大量的信息会给刚确认感染的患者造成较大的心理压力，以至于有些患者会犹豫是否要开始服药。

患者在做服药前依从性咨询时，应该根据相应步骤，在患者全面激发了治疗意愿后，再和治疗医生一起讨论药物可能存在的不良反应。患者必须客观清楚地了解抗病毒药物治疗的不良反应，并学习知悉出现不良反应后的应对措施。

并不是每个患者都会有药物不良反应，即使发生了不良反应也有轻重之分，时间也有长短之别，而且大部分不良反应常见于服药的早期，会随着服药时间的延长而减弱或消失。有些不良反应是在服药后很快就能感受到的，而另外一些则会是服药后慢慢发生或几年之后才发生。有些不良反应需要患者定期做检测才能发现，所以患者要确保定期回医院复诊，并与主治医生保持畅通的沟通。

同时，患者要知道什么样的不良反应可以在家里处理，什么样的不良反应一定要及时来医院咨询医生，医生可以通过医疗手段来减轻

药物的不良反应，无需担心害怕。

最艰难的时候，别老想着太远的将来，只要鼓励自己熬过今天就好。“熬过今天”是解决一切难题的咒语，其实熬着熬着，不知道什么时候也就熬过来了。

对于一个悲观的人来说，天下没有一张合适他的凳子；对于一个快乐的人来说，即使天空下着雨，他的心里也是明媚的。

即使天空下雨，心情也要明媚晴朗

2020 年 11 月 14 日  星期六

晚上和志愿者小涂、小刘去外科看望腿部手术后的艾宝兵。兵状态挺好的，吃药十多年一直自我管理得很好，这两年他的爷爷、父亲相继去世，家里只剩下年迈孤寂的奶奶需要照顾。兵 2 岁起就由爷爷、奶奶抚养长大，他善良、孝顺，在外工作一直挂念着老家的奶奶。

这个小伙子是 2009 年大年三十晚上被父母从老家送来我们医院抢救的。父母无法接受他感染了艾滋病病毒的事实，母亲在医院等待了两天就放弃了他，回了老家。在我们的劝说下，父亲咬牙坚持，尽最大努力筹钱抢救他。

想起当年的抢救时，病床上的兵几天几夜未眠，他的眼中充满痛苦和疲劳，但是眼底仍有希望的光芒在闪耀。他求生的欲望一直感染着我们……时间飞逝，转眼兵已大学毕业，如常人一样工作生活着，真好！

兵这几年一直是我们的志愿者，他告诉我说现在可以利用休息时间来医院帮助、干预住院的艾友，也可以帮我对接在微博、微信咨询的网友，以自己的亲身经历为案例，分享给大家，帮助大家慢慢成长，走出困境。

对于一个悲观的人来说，天下没有一张合适他的凳子；对于一个快乐的人来说，即使天空下着雨，他的心里也是明媚的。

让我们携起手来，共同努力，关爱生命，履行承诺，用爱心和真诚，让和谐社会的阳光更加灿烂、明媚！

携手防疫抗艾，我们在共担健康责任

2020年12月1日  星期二

今天是第33个世界艾滋病日，今年的宣传主题是：携手防疫抗艾，共担健康责任。

自1981年全球发现首个艾滋病病例以来，艾滋病的广泛流行已成为全球最为瞩目的公共卫生问题和社会安全问题，严重威胁着人类健康。2020年，“新冠疫情”变成了整个世界的底色；新冠疫情的蔓延，对艾滋病病毒感染者个体和围绕艾滋病所建构起来的整个系统都造成了巨大冲击。防疫抗艾使我们比以往任何时候都更需要团结在一起，承担起新的责任与使命。

联合国艾滋病规划署执行干事温妮·拜安伊玛（Winnie Byanyima）表示：“未来十年的每一天，我们都需要采取果断行动，让世界回到正轨，到2030年前结束艾滋病流行……污名化、歧视以及普遍存在的不平等是终结艾滋病的主要障碍……”

由于社会公众对艾滋病认知的缺乏，消除对艾滋病病毒感染者和患者的歧视是一项长期而艰巨的任务，需要全社会各个方面和每一位社会成员共同做出努力。作为医务工作者，我们有义不容辞的责任。在此，我谨代表南昌市第九医院医务人员向全省医务工作者发出倡议：

1. 关注艾滋、认识艾滋、抵御艾滋。积极行动起来，从我做起，正确认识，消除医疗场所与艾滋病相关的歧视，正确对待艾滋病病毒

感染者，尊重艾滋病患者的合法权利，努力为艾滋病患者提供优质的医疗服务，为他们创造一个良好的就医环境。

2. 掌握防艾知识技能，规范操作，自我保护，尽己所能救治艾滋病患者。动员全社会力量，致力于宣传、普及艾滋病知识，倡导全社会公民为艾滋病病毒感染者和患者提供综合的关怀与支持，为改善艾滋病病毒感染者和患者的生存环境而努力。

3. 奉献爱心，消除歧视。奉献是美德，爱心聚力量。我们要身体力行，积极参与预防艾滋病宣传教育活动和防艾志愿服务行动，给予艾滋病病毒感染者和患者更多的理解、关爱和帮助，努力消除社会歧视，共建共享和谐社会。

预防艾滋病、抵御艾滋病，我们医务工作者责无旁贷。让我们携起手来，共同努力，关爱生命，履行承诺，用爱心和真诚，让和谐社会的阳光更加灿烂、明媚！

TIPS

我们能采取哪些措施来保护自己不被艾滋病感染？

（1）了解有关艾滋病病毒和艾滋病的事实。

（2）评估自己的危险行为（不安全性行为，共用针头等）。

（3）采取安全性行为。

（4）确定接受的任何血制品都做过艾滋病病毒筛查测试。

（5）确定用于自身机体内的任何针头或注射器或其他侵入性装备是无菌的。

（6）如果要纹身、穿耳洞或针灸，确定用于自己体内的装备是无菌的，包括静脉注射设备。

（7）避免酗酒和使用毒品，因为酒精和毒品会影响你的判断，会导致你采取不酗酒或吸毒时你不会采取的危险举动，比如不安全性行为、共用针头。

（8）不要让同伴压力迫使你采取不安全的性行为。

所有的美好，都不抵“得偿所愿”，向前迈进吧，好运一定会眷顾你的。

再见 2020，珍惜时间和希望

2020 年 12 月 31 日  星期四

2020 年 12 月 30 日，英国慈善机构贝利·马丁基金会的创始人兼主席马丁·哥顿先生，因为对中国艾滋病病毒感染者和艾滋病患者的服务被授予大英帝国司令勋章（CBE）。

马丁·哥顿曾于 1994 年被授予大英帝国官佐勋章（OBE），以表彰他一生为银行和金融业所做的贡献。之后，他开始致力于慈善事业，以纪念他已故的伴侣贝利·陈（Barry Chan）。马丁·哥顿于 1996 年成立贝利·马丁基金会，旨在建立英中两国在艾滋病教育、预防、治疗和关爱方面的合作。

当年贝利·陈因身患艾滋病在切尔西 & 威斯敏斯特医院去世后，马丁·哥顿写信给该医院负责人，提出英中合作的建议。这成为他致力于改善艾滋病诊疗和患者状况工作的开端。正是因为他的努力，英国被我国认定为艾滋病工作的首选合作伙伴。

在得知获奖后，马丁·哥顿表示：“这个荣誉属于每一位与我们一起在中国各地工作的医生、护士和志愿者们，也属于在英格兰和苏格兰医院工作的医生和护士们，是他们帮助了我们在英国和中国开展培训——这成为我们两国之间不可磨灭的纽带。”

所有的美好，都不抵“得偿所愿”，向前迈进吧，好运一定会眷顾的。2020 年无法重启，它终将过去。在新冠肺炎疫情笼罩下，这一

年仿佛过得格外漫长，我们见证了太多的生离死别，我们经历了太多的失去。但正是这些历历在目的失去让我们更加懂得珍惜：珍惜获得的可贵，珍惜健康和生命，珍惜平凡如常的生活，珍惜时间和希望！回首2020年，我们都已成长，是爱与坚持赋予我们的力量！相信我们2021年的阳光依旧温暖！

TIPS

正确使用安全套，可以减少感染艾滋病、性病的危险。一贯地、正确地、使用合格的安全套。

安全套的使用看来简单，但如果不注意一些细节，就会增加使用避孕套的失败率，增加感染艾滋病、性病的危险，必须严格遵循以下几点：

（1）选择合格的安全套，有效期内、标准生产、阴凉干燥处密封贮存。

（2）小心打开包装。

（3）挤出顶端小囊里的空气。

（4）性交前，自勃起的阴茎滑下套上，一直带到阴茎根部。

（5）阴茎射精后疲软前捏紧安全套开口端，抽出阴茎。

（6）将用过的安全套打结或用卫生纸包好丢至垃圾桶，洗手。

心态平和地做好你该做的事

2021年1月27日  星期三

昨天下午，我和志愿者小涂去病房探访了从抢救室迁出不久的艾宝小明。因治疗刚结束，小明正戴着口罩半躺着休息，照顾他的母亲回家做晚餐了。小明的状态还挺好，虽然大病后的脸庞略显苍白，但他见到我们很高兴，连忙坐起来聊近况。病情、药物、父母、心绪、未来……这些都是一直以来困扰着他的因素，很让他愧疚不安。小明是几个月前在综合医院住院时发现确认感染的，出院后因害怕而抗拒、逃避治疗，后来病情加重以致昏迷才被送来抢救治疗的。

和小明同病房住着的万大爷已经68岁，至今还未进行抗病毒药物治疗，他每天都是一个人呆着，家人关照少，他对疾病认知欠缺，还不会使用微信。另一位艾宝是年仅20岁还在上大二的外地人小方，小方确认感染一年多，因害怕抗拒逃避一年，我们一直想方设法打电话发微信联系他，全无果。前两天，他因为全身皮疹严重才不得已来院求助。

针对这三人的不同情况，我和小涂分别对他们进行沟通、辅助干预，并建立后续的联系对接。

我在这与每一位艾宝们强调一下，请务必依靠内心观念的修正、饮食生活的调整、身心健康的训练，配合治疗来让生命重焕生机，心态平和地做好你该做的事。能够解决的事，不必担心；不能解决的事，担心也没用。放下忧虑，乐观面对，平静地接受所有的机遇和考验。

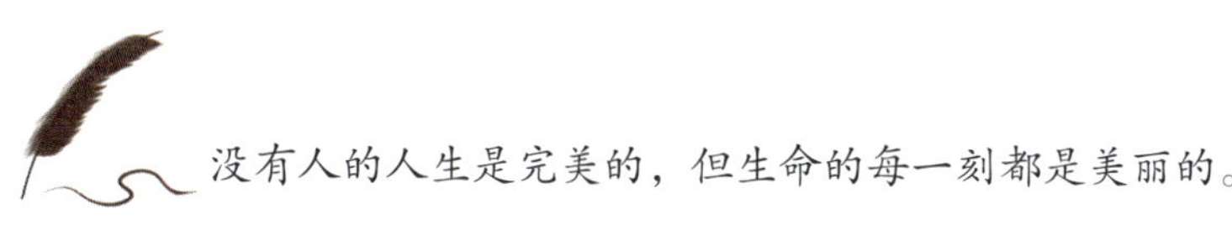

感恩生命，让我们一起走这趟旅程

2021 年 1 月 28 日　　星期四

临近年关，每天会有很多全省各地用药多年的艾宝来医院复诊取药，诊室前总排着长队。中午下班打卡时，在门诊大厅坐着的徐大爷看见我，很高兴地将我叫住，用听不太懂的普通话向我介绍着自己的情况，说很感激去年住院时我们志愿者送给他的红十字捐赠棉被。我也很惊叹徐大爷的眼力——许久未见，我戴着口罩且没穿工作服，他居然在人来人往的门诊一眼就认出了我！

有时我挺惭愧的，很多老艾友返院复诊时，我虽然能很熟悉地和他们交流沟通，但总是记差他们的名字，让他们不得不又和我仔细说道一番。不过，看着他们出院后恢复如常的面庞，我欣慰、高兴至极，至于总辨不清他们的姓名又有何妨？当然我也在努力克服规避这个毛病：我的微信、电话在储存艾友信息时必定会备注上姓名、地域、特征。如此我就得更要和他们深入沟通交流了。

没有人的人生是完美的，但生命的每一刻都是美丽的。抬头看看蓝天，出门看看花草，多和家人朋友坐坐，生命还有这么多美好！生命就像个奇迹一样，我们是何等幸福，能够一起走这一趟旅程！感恩生命！

在艰难向上爬坡的过程中，你终究会发现：只有够努力，才会够幸运！

稳住脚下，胜利就可及

2021年2月2日  星期二

20岁的外地艾宝小方确认感染一年多了，目前在我们这上大学二年级。他母亲已去世，和父亲相依为命生活。刚发现感染时，疾控中心转介绍他来我院开始抗病毒药物治疗，小方嫌程序麻烦，加上抗拒逃避，抽血检测后就失联了，我们给他发微信、打电话均未果。这周他来复诊，全身皮疹严重，波及面部和头颈部，整个人状态很不好，住院完善检查又发现感染了梅毒，免疫状况很不好……

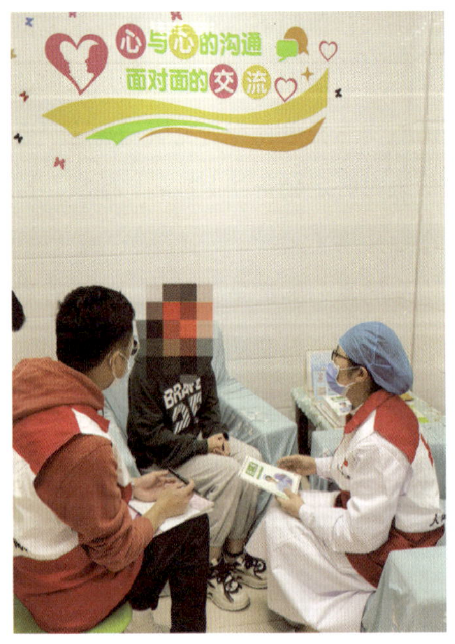

胡敏华在"温馨家园"与患者沟通

现在，小方每天在病房积极配合医护人员的治疗护理，为了不耽误学业，他在床头柜上摆放着各种书籍，治疗结束后就会坐在病床上复习功课、做习题。小方父亲这次也很上心，叮嘱小方必须积极配合治疗，做好自我健康管理。我和小方沟通，让他调整心态，正确对待自己的疾病，治疗保持良

好的依从性。我还叮嘱他一定要制定好近期目标和远期规划，不要焦虑、害怕，给自己时间，一步一步来，一日一日过，稳住脚下，胜利就可及！

近几年，大学生感染艾滋病病毒的比例越来越高，一方面是因为大学生一般思想较为开放，娱乐方式多样化，性观念也日益开放，同时又正处于性活跃时期，对性有强烈的探索欲；另一方面是相应的性教育却跟不上，他们对艾滋病等相关知识认识不足，缺乏自我防护意识，因此让艾滋病病毒有机可乘。这样想来，更加觉得让艾滋病宣传走进校园、在大学生中间建立艾滋病志愿者队伍很有必要，期待他们能全面认识艾滋病的危害性，增强自我保护意识，在花一般的年龄里安然开放！万一不幸“中招”，要积极配合治疗，艾滋病只是一种慢性病，治疗得当，保持药物依从性，仍然可以绚丽绽放。

每一个人，都会经历一段咬紧牙关坚持的路途。在这艰难向上爬坡的过程中，你终究会发现：只有够努力，才会够幸运！加油吧，愿梦想永远和你相向而行！

人生的路每一步都得算，不管过去有多少酸痛、遗憾，幸也好，不幸也好，都已是曾经。

所有的过往，都是岁月的恩赐

2021 年 2 月 4 日  星期四

今天，2012 年确认感染的艾宝小君来医院复诊取药，3 日晚上就和我微信联系说好久不见，想见面聊聊。我猜想他应该有女朋友了吧。果不其然，小君打算这次回家过年准备结婚，女朋友是在外地工作时认识的家乡艾友，这几年两人在外地相互帮助、支撑，一路艰难，走过来挺不容易的。

2012 年刚患病时，小君只有 20 岁，整日深陷恐惧、绝望、沮丧中，父母也是整日长吁短叹，郁郁寡欢……看着小君通过近十年的成长，已俨然蜕变为一个自信、懂事、善良、乐施的大小伙，父母释怀、高兴，我们也欣慰不已。

两个艾滋病患者的结合在未来必定会遇到很多困难，比如经济压力、生育压力等，但幸运的是，他们已经充分认识到这些困难，并下定决心相互搀扶着去克服。更难得的是，他们之间从自我意识上会感觉是彼此平等的，可以抱团取暖，共同抵抗外界的异样目光，因而在回到家庭时能卸下压力，享受放松的生活。

生活是有两面的，你更重视哪一面，就会从哪一面收获更多。其实，人生的路每一步都得算，不管过去有多少酸痛、遗憾，幸也好，不幸也好，都已是曾经。所有的过往，都是岁月的一种恩赐。走过寒冬，迈向新生。希望有缘同行的你我一齐肩并肩，永远在一起努力加油！

你积极面对，生活总会在出其不意间给你一个微笑。要明白，万事万物，都有周期；潮涨潮落，都是寻常。

亡羊补牢也不算晚

2021年2月8日  星期一

昨天下午，我在门诊大厅看见一对白发苍苍的父母搀扶着一名年轻的艾友，焦急万分地找寻着免疫诊室。那名艾友是已经吃药7年之久的小汇，他闭着眼睛，走路摇摇晃晃的，人看起来十分消瘦，神志也似乎恍惚不清，对父母家人的问询也回答不上来。可待我上前询问他的抗病毒治疗号时，他居然能回答正确。

小涂帮忙找出他的门诊病历，发现他半个月前还曾来医院复诊取药，当时复查梅毒病毒显示阳性。交流过程中，小汇的父母告诉我小汇在家吃药不规范，自我管理依从性也不好，根本听不进家人的话。了解情况后，任医生立即将小汇收入住院治疗，小汇的父母又是好一阵忙乱才把他安置好。

小汇的状态，让我感觉他对未来万分迷茫，以至于有点自暴自弃。看来，在未来治疗的日子里，我们还要对他进行药物依从性教育以及家庭关系建构，帮他树立恢复健康的信心。人生如四季，每一季都有自己的味道，学会包容接纳生活中的不美好，然后化繁为简，让其成为生命中的一部分。不管生活会不会变好，我们都要努力让自己变得更好。你积极面对，生活总会在出其不意间给你一个微笑。要明白，万事万物，都有周期；潮涨潮落，都是寻常。

健康、美丽、青春，从来没有什么灵丹妙药。令人感慨的是极少人会未雨绸缪，大多是亡羊补牢。但只要补，也是为时不晚的。

从现在起，珍爱自己，把属于自己的凌乱羽毛一点点粘起；听医生的话，把良好的生活、服药习惯建立起。

生命的真相是没有什么大不了的

2021年2月20日  星期六

上午正忙得不可开交时，我接到一名外地艾友打来的电话，他是两年前在我们这儿确诊的，随后转至当地定点医院进行抗病毒药物治疗的。年前，他去医院复诊取药，医生要他复印确认报告留存，他却发现自己的确认报告原件不知所踪。左找右寻无果后，他茫然无措，只好“隔空”找我寻求帮助。我查找了他在我们医院的留存病案资料，帮助拍照扫描了他的确认报告并用微信发给他救急，他在电话中万分感谢。

总是会有这样的情况发生，有些艾友找不到确认报告原件，有些艾友则连确认报告是啥也不知道，在哪就更不用说了。其实，确认报告就是艾友的“身份证”，是非常重要的病案资料，很多时候都用得着。建议艾友妥善保管自己的确认报告原件，特别是新确认感染的艾友，更要重视这一纸之书，切记千万不能因为难过沮丧而丢失它。

其实，重视并妥善保管这一纸之书的行为，就意味着对自身情况的正视与接纳。当黑暗来临时，我们会崩溃、会愤怒、会绝望，但终究要面对，用我们黑色的眼睛执着地寻求光明。从现在起，珍爱自己，把属于自己的凌乱羽毛一点点粘起；听医生的话，把良好的生活、服药习惯建立起。没有什么可治愈自己，除非自己有一颗期待被治愈的心，要一次次告诉自己：“生命的真相就是没有什么大不了的。”

积极面对，就算有遗憾也会释然；瞻前顾后，就算有确幸也索然无味。而最坏的莫过于踌躇不前，你浪费的不只是时间，还有一个个可能变好的机会。

勇于抉择，别妄想完美答案

2021年3月25日  星期四

有一位艾友在网上和我联系，他去年12月在外地院住院治疗，当时CD4只有100多，却因为听信了很多其他人的说法，担心药物副作用等原因坚持出院。出院后，他虽然和我一直保持着联系，一直跟我沟通咨询各种问题，还告诉我他的治疗打算，但是他仍然同时在接触其他的志愿者和病友，也一直在从他们那里得到各种信息。

今天，我们在微信上聊计划，才发现他居然还没开始抗病毒药物治疗。其原因自然又是因为很多“网友”给了许多不同的建议。他的踌躇不前导致他的免疫力下降得很快，进而产生了更大的恐惧。不论如何，事到如今计划仍然只是计划……

其实，我建议刚确诊的艾友必须尽快调适自己，分析思考、判断抉择，在网上接触志愿者时，要根据自己的个体情况理性对待其言辞，不要偏听偏信，胡乱对号入座。要知道，专业的事情必须由专业的人员去承担完成才行，更何况每个人的情况不同，没有拿到准确的检查结果，连专业的人也不敢盲目下定论，何况是非专业人员。

而当专业人员给出选项时，就需要你果断做出抉择了。其实没有什么完美选项，否则它就不是选项而是唯一答案了。所谓的抉择不过是根据你的期待结果和承受能力做出的相对美丽的选择，有得也必有

失。至于选择是否正确，那就看你怎么去做：积极面对，就算有遗憾也会释然；瞻前顾后，就算有确幸也索然无味。而最坏的莫过于踌躇不前，你浪费的不只是时间，还有一个个可能变好的机会。

人生就是一连串的抉择，每个人的前途与命运，完全把握在自己手中，只要努力，终会有成。

TIPS

艾滋病病毒感染者可以接种新冠疫苗吗?

（1）艾滋病病毒感染者只要病情稳定，通过抗病毒治疗后，不存在明显不适，特别是淋巴细胞等免疫指标基本正常，便可注射新型冠状病毒灭活疫苗，可以有效预防新冠肺炎的发生，不会影响疫苗发挥药效。打完疫苗后要多喝水，适当休息，在留观室观察半个小时。

（2）如果该病处于急性发作期间，或者感染严重阶段，病情不稳定情况等是不可以接种新冠疫苗的。

（3）对于灭活疫苗和重组亚单位疫苗，根据既往同类型疫苗的安全性特点，建议接种。

（4）对于腺病毒载体疫苗，虽然所用载体病毒为复制缺陷型，但既往无同类型疫苗使用的安全性数据，建议经充分告知，个人权衡获益大于风险后接种。

（5）艾滋病患者属于免疫功能受损人群，是感染新冠病毒后的重症、死亡高风险人群，目前尚无新冠病毒疫苗对该人群的安全性和有效性数据，故接种时需慎重。

（6）在全人群中的病毒水平下降到极低之前，人们仍应继续采取预防新冠病毒的措施：保持距离、定期洗手、戴口罩，哪怕是在接种疫苗之后。

有许多事，在你还不懂得珍惜之前，已成旧事；有许多人，在你还来不及用心之前，已成旧人。

从现在起，请开启健康的生活方式

2021年3月27日  星期六

这两周陆续有外地网友利用微博、微信与我联系，说都在当地定点医院初筛检测结果不确定，已做了病毒载量、CD4检测等，正等待确认结果。他们一直担心疾病对身体影响，纠结生存时长、服用抗病毒药物毒副作用等问题，由于咨询联系过于频繁，情绪又处在焦虑不安中，沟通干预效果一直不佳。

抗病毒药物治疗的应用既然已经把艾滋病变成一种慢性病，我们就应该按照慢性病的管理模式来进行随访和管理。新确诊感染的艾友请正确对待疾病，调整心态，积极配合并及时开始抗病毒药物治疗，做好自我健康管理，保持良好的依从性，定期复诊。感染者要想长寿，更应该多多注重对冠心病、高血压、糖尿病等老年病、慢性病的预防，大多数人从50岁开始注重健康的生活方式，感染者应该从确诊的那一天就开始。

人生一世，总要面对许多磨难。生命中，也注定要常常面对许多沟沟坎坎，这是人之常理。“我们老得太快，却聪明得太迟。”不管你是否察觉，生命都一直在前进。有许多事，在你还不懂得珍惜之前，已成旧事；有许多人，在你还来不及用心之前，已成旧人。所以，很多事，比如健康，趁自己还拥有的时候，就好好珍惜，不要等到失去了才悔之晚矣！

每个人都是一只可以飞向长天的鹰，每个人都有在无际天空翱翔的潜能。

坠落途中要长出翅膀

2021年3月31日  星期三

昨晚翻看微信朋友圈，看到艾友小君发的“五一”婚讯请柬，不禁感动和心动，便想给更多艾友分享他们的喜悦。两个艾友在外地相互扶持并肩走过好几年，病情稳定，工作适合，家人祝福，顺遂如意，真好！当然，从刚开始确认患病时的崩溃、绝望、迷茫……一路走来，小君和家人也一样是历经了九死一生的蜕变和成长。

生命是平等的，呈现在每个生命面前的世界也都是平等的。请相

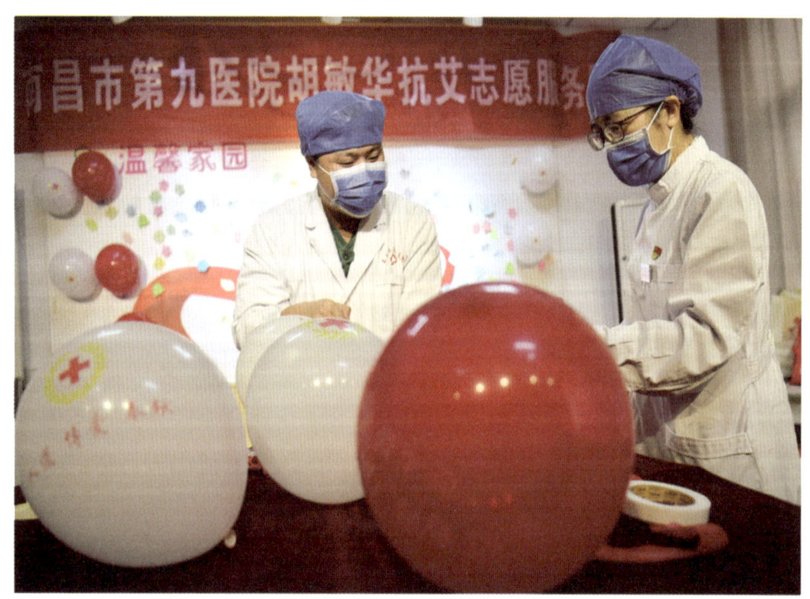

胡敏华在准备健康沙龙活动

信，每个人都是一只可以飞向长天的鹰，每个人都有在无际天空翱翔的潜能。在坠落中要长出翅膀，那我们的生命也将变得更加坚韧和顽强！

人生一世，总要面对许多磨难。生命中，也注定要常常面对许多沟沟坎坎，这是人之常理。累累的创伤，何尝不是生命给你的美好东西，因为在每个创伤上，都标示着你前进一步的痕迹。记忆不会消失，往事存放心底，曾经的美好是财富，伤痛也是财富。所以，请留一些欢喜给黑夜里的想念，让爱的温暖在生命的血液里永恒。

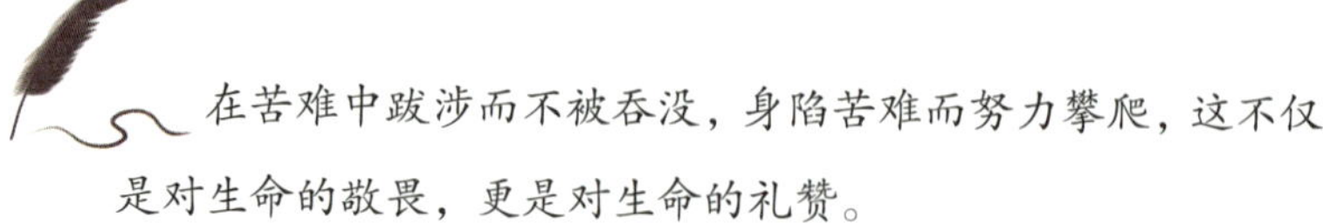

在苦难中跋涉而不被吞没，身陷苦难而努力攀爬，这不仅是对生命的敬畏，更是对生命的礼赞。

苦难成就一个英雄

2021年4月25日  星期日

外地艾友徐大爷一早打电话来咨询饮食禁忌、营养注意等问题。他上周是由儿子陪着来复诊的，他发现感染艾滋病病毒已经几年了，病情反反复复，免疫力状况时好时坏的，时不时要来医院住院治疗一段时间。

复诊那天，我和徐大爷的儿子聊了聊徐大爷的情况，包括药物服用、平日饮食、生活起居等，了解到独居的徐大爷平时生活拮据，吃得简单马虎，饮食营养跟不上，身体不适时更是懒怠，更不要谈多吃水果了。没办法，我又和徐大爷谈了饮食、营养、休息等对艾友抗病毒药物治疗的重要性，叮嘱他千万注意，不可不当一回事。

谈过之后，我又告诉他儿子要帮助他的父亲制订饮食计划，可以就地取材，如家里的蔬菜、鸡蛋、鱼等食材相对较多，可以多食用这类食物。而且还建议他多和徐大爷沟通交流，了解他的想法和需求，及时发现健康问题，并带他定期复诊。

想想徐大爷的贫穷、无奈和殷切的求生欲，不由得感到一阵心酸。原本生活拮据的老年人一旦感染了艾滋病病毒，除了其个人健康状况不断恶化，还要遭受经济困难和家人难以照料的压力，此时，他能不顾周围人群及社会的歧视与排斥，表现出对生命的渴望，无不令人动容。

我们的世界有形形色色的苦难，病痛只是其中一种，它是我们生命中无法割舍的一部分。上天从来不吝于雪上加霜，也不会对深陷苦难的人表现出一丝一毫的怜悯，可是，正是因为苦难，我们才显得伟大。在苦难中跋涉而不被吞没，身陷苦难而努力攀爬，这不仅是对生命的敬畏，更是对生命的礼赞。我们可能并没想过成为英雄，但是，在无数次倒下又站起的坚持中，不知不觉就成了英雄。

给自己一点时间，不要焦急，一步一步来，一日一日过，请相信生命的韧性是惊人的！

请相信生命的韧性是惊人的

2021年4月29日  星期日

下午我和小涂去病房时，艾友小刘刚从卫生间出来，扶着墙跌跌撞撞地往床边走。由于他的父亲回老家处理事情了，他只能一个人待着。这次来住院，小刘看起来消瘦不堪，身体恢复得很差，饮食不好，吃不了什么东西，邻床艾友有机会就会帮助他捎带点吃的上楼。为防止他走动时摔倒，小涂给他拿来了一个助步器，耐心教会他使用。

吃药2年了，这是小刘第3次因病情反复住院。我同他分析了药物服用情况、自身管理情况，发现问题还在他自身上。他的服药依从性很差，隔三岔五忘记服药，有时还会自己增减药量，这对一个患者来说是大忌。因此，我只好再次督促他认知、改进，做好自我健康管理，保持良好的依从性，定期复诊。

生活已然有很多不幸，那就应该试图让不幸变成幸运，至少尽力去消除不幸的阴影，让暗淡的生活中多一份光亮。当然，这就意味着要多一份学习的心，多一份希望的心，多一份力量去尝试自己以前做不到的事情。依靠内心观念的修正、饮食生活的调整、身心健康的训练，配合治疗来让生命重焕生机！

需要说的是，给自己一点时间，不要焦急，一步一步来，一日一日过，请相信生命的韧性是惊人的！

无论你遇见谁，他都是你生命中该出现的人。无论发生什么事，那都是唯一会发生的事。不管事情开始于哪个时刻，都是对的时刻。

每个生命的底色都是真诚和善良

2021 年 5 月 19 日  星期日

10 号病房住着小邱、小黄、老谢 3 位艾宝。

小邱是老患者，由父亲在病房照顾，他身体消瘦得快，连床也不能下，低蛋白，腹水……平常在县城老家，他只定期去医院拿药就算完成复诊程序，从不抽血检测、监测药物副作用情况，也许负责复诊的医生也没有给予警示。日复一日，他身体状况每况愈下，以致后来转来我院时，很多状况已经不可逆了。

小黄是新病友，他其实很久之前就确诊了，只是一直不愿意面对现实，拖延着不肯去医院。好在他有一位好父亲，他父亲和我们志愿者联系对接，靠坚持不懈的努力，才说服他来了医院治疗。也多亏小黄年轻，病情稳定，身体恢复挺快的。

老病友老谢自我健康管理欠缺，时不时因身体不适来医院就诊。

我和他们一一沟通，分析、干预病情，进行个案辅助，让他们尽可能联接起来互助成长。感染者之间进行交流，特别是当其中有治疗受益者时，他们的交流内容会变得比较积极，受益者会帮助其他感染者转变对艾滋病的认识和持有的既定观念，同时还会鼓励他们参与社会交往，久而久之便会在群体之间形成一种互相鼓劲的氛围，这有助于增加艾滋病患者恢复生活信心。

无论你遇见谁，他都是你生命中该出现的人；无论发生什么事，那都是唯一会发生的事。不管事情开始于哪个时刻，都是对的时刻。希望我们每个人生命的底色是真诚和善良的，善待自己和他人，让自己健康快乐！用有限的时光，去享用生命给予的一切。即使沮丧，也要充满希望。

世间的善与恶，有时错综复杂难以界定，可是只要心存美好，那么一切都会生辉，一切也都会无悔。

助人为乐，乐在其中

2021年5月27日  星期四

一早赶乘地铁外出参加媒体录制节目，三句话的台词居然折腾了半天。想着还有很多要处理的事情，我感到很无奈，只好计划着加班完成。

下午，南昌市青山湖区志愿服务联合会志愿者计划来医院探访慰问艾宝，沟通协调病友，而上午我却不能在现场安排或帮助布置场地，让志愿者小涂一个人前前后后地忙碌，真于心不忍啊。我心里五味杂陈，觉得似乎时间于我太苛刻了点。

全力以赴完成任务后，因挂念着下午的活动，我连忙马不停蹄赶往医院和小涂汇合，查缺补漏。匆匆吃了午饭，从下午一点便等候、协调社区失独老人来医院接种疫苗。医院从今天开始改进接种流程，看来效果似乎还不错。

下午的活动如期进行，病房的艾宝、家属都挺给力的，陌生面孔、陌生环境让他们不免心生胆怯，但因为信任，大家依然能坦诚交流互动。

正所谓“助人为乐，乐在其中”！希望与爱，从未离开，让阳光驱赶阴霾，我们一直都在！

换个角度来看，每一个不顺，都是在帮助我们认识到自己欠缺的地方，都是在磨炼耐心、考验初心。当你有坚强的信念不被负面情绪

牵动，坚定地保持意念不动摇，一切都无可限量。

世间的善与恶，有时错综复杂难以界定，可是只要心存美好，那么一切都会生辉，一切也都会无悔。

一个人的生命是应当这样度过的：当他回首往事的时候，不因虚度年华而悔恨，也不因碌碌无为而羞愧。

珍爱生命本身就是活着的意义

2021年6月2日  星期三

在外科做了骨科手术的小李上周已转入感染科住院，术前检查发现梅毒滴度高，需要尽快治疗。小李刚发现感染艾滋病病毒时曾一度自暴自弃，不管是治疗还是吃药都不配合，一直和母亲强力对抗。考虑到小李曾因车祸头部受过重创，母亲很是体恤他的一些反常行为，尽自己最大努力去安抚、帮助他，并努力配合我们协助小李改变。这几年小李病情稳定，免疫状况挺好的，只是忽略了对梅毒的追踪监测管理，才让它有机可乘。

我们一直关注艾滋病感染者的心理状态和精神压力，其实也体恤照顾他们的家属和亲人。在接受患者患病、照顾患者的过程中，家属和亲人其实也承担了很大的精神压力，包括对患者未来身体状况和生活质量的担忧、陡然增加的经济压力以及不得不承受的异样眼光。他们若能理解和支持患者，并表现出很大的包容性，那定是用情至深了。

所以，不幸中招的艾宝们，千万要珍重自己的生命，因为还有那么多人在爱你、希望你好。人最宝贵的东西是生命，生命对于我们只有一次，用有限的时光，去享用生命给予的一切。即使沮丧，也要充满希望。

很喜欢这样一段话，一个人的生命是应当这样度过的：当他回首往事的时候，不因虚度年华而悔恨，也不因碌碌无为而羞愧。这样，

在临死时候，他就能够说：“我的整个生命和全部的精力，都已献给世界上最壮丽的事业——为人类的解放而斗争。”

空间会让每一个人感到自由和信任，也可以让爱流动起来，让能量流动起来。

助人自助，柳暗花明

2021 年 7 月 10 日  星期六

昨晚电话联系了一位外地艾宝的父母，今天上午一家三口便驱车 3 小时从老家来我们医院咨询。艾宝刚毕业，因觉得好玩，便和同学做了艾滋病快检，不幸结果却是阳性的。这下他慌神了，不知如何是好，在微博上到处求助，确认检测后立刻上药。父母知悉后反复上网查询，和医生电话沟通，一时如临大敌。电话咨询似乎解决不了燃眉之急，他们今天一早又赶来面询。

一个多小时的咨询沟通，让父母绝望的内心有了起色，坐在旁边的艾宝脸上也有了些许明朗。还算有缘吧，咨询途中我出来向两位复诊取药的艾宝（一位是吃药 6 年的大叔，另一位是刚吃药 1 年的小哥）求助，他们明白我的意图后，毫不犹豫就答应了“现身说法”。如此，一上午的咨询沟通效果挺不错，愁眉不展的父母终于释然，脸上也有了笑意，一家三口和两位艾宝“志愿者”俨然已成了朋友，互相留了联系方式。

很明显，这位艾宝之前虽然只是因为觉得好玩随朋友去做快检，但这也说明他心里是知道自己的行为是有可能感染艾滋病病毒的，只不过在他看来这种概率小之又小，所以当发现真的中招时才慌了神。人生就是这样，不要存在任何侥幸心理，你走的每一步路都会留下痕迹，有的地方会开出花，有的地方却会长出刺。

但愿通过我们的转介绍和帮助，艾宝们都能助人自助，柳暗花明。毕竟空间会让每一个人感到自由和信任，也可以让爱流动起来，让能量流动起来，使自己和身边的人活得更舒心！

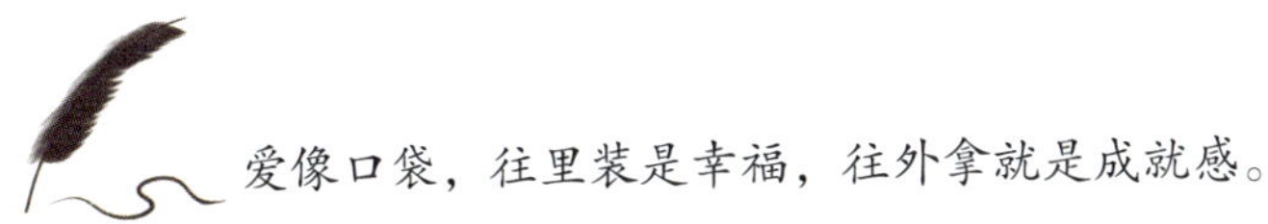

语音助力，让心灵走出低谷

2021 年 7 月 13 日  星期二

下午在病房，我向一对刚确诊感染的夫妇进行沟通干预，妻子是因为发热就诊确认感染的，之后丈夫检查也发现感染，但他不相信确认报告，一直抗拒，不肯来医院接受治疗，前两天才在儿子的苦劝下来住院了。同病房还住着快出院的王师傅和一位老阿婆，外地口音的阿婆今年已经 84 岁了，抗病毒药物治疗已进行了 6 年多，目前情况稳定，家人也对她十分关爱。她一直谈自己的吃药经历，说起刚确诊住院时的种种情景，让我们感觉历历在目。

晚上和一位外地艾宝用微信沟通。这位艾宝服药 4 年多，因药物副作用监测有点状况，加上工作、个人生活问题等，这几天情绪十分沮丧、低落。之前一直是他姐姐在微博上加我为好友并发私信咨询相关病情，家人支持陪伴固然重要，但个人自我成长更为重要，因此我建议姐姐鼓励弟弟自己主动沟通咨询。今天上午好不容易等到他添加了我的微信，却迟迟没有主动交流，没办法，我只好主动“出击”了。

其他几位通过微信联系我的艾宝这两天咨询沟通的问题较多，而我总觉得解答回复不彻底，因此心里一直耿耿于怀。想着还是用语音沟通来得爽快，于是，晚上我抽空一一用语音回复了他们，也终于是了了念想。

爱像口袋，往里装是幸福，往外拿就是成就感。唯愿：语音咨询，谆谆诱导，循序渐进，走出低谷。

人生一世，疾病、意外、自然灾害……时时相随，不可预料。无论父母子女、爱人挚友，唯有陪伴，才能诠释爱的深沉。

唯有陪伴，才能诠释爱的深沉

2021 年 7 月 19 日  星期一

从外院转诊来的老熊，是因带状疱疹症状严重住院治疗时发现感染艾滋病病毒的。一开始，夫妻两人根本不相信老熊会感染这种病毒，但最终不得不接受。所幸的是，老熊爱人的检查结果是阴性，这又让俩夫妻俩喜极而泣。因为爱人没感染，老熊情绪好很多，看着爱人辛苦操劳，每天冒着酷暑做好饭菜送来医院，他特别愧疚。对于治疗方式、饮食安排，他每天都很配合，盼望能早日康复出院。

人生一世，疾病、意外、自然灾害……时时相随，不可预料。无论父母子女、爱人挚友，唯有陪伴，才能诠释爱的深沉。从不幸中看到幸运，没有陷入自怨自艾或者怨天尤人的泥淖，而是感恩家人的辛苦和付出，积极配合治疗，于艾宝们而言是极为难得的。

很显然，家人的接纳和支持，在某种程度上抵消了艾宝内心的恐慌，让他从心理上产生了家庭归属感。期待我们的社会也能平等接纳艾宝们，认同他们的生存价值，理解他们的艰难处境，让爱和尊重洒满人间，让希望之花开遍每个角落。

凡事看淡一点，再淡一点。拳头般大的心，承受不了那么多。

如果不能微笑面对，那就用沉默对抗吧

2021年7月31日  星期六

忠师傅已住院几周了，是因为肾衰竭需血透治疗而入院。每周做两次血透让浮肿的忠师傅更加疲惫、虚弱，他老伴每天会往返于医院和家，尽心照顾着他。

我们去血透室看望忠师傅时，很巧碰到了每周到门诊来血透治疗的岩。岩感染艾滋病病毒吃药6年了，期间还做了肝癌介入治疗，今年3月又因肾脏出问题开始了血透治疗。在办理了慢性病医保后，还好每周血透治疗费用只需五十多元钱。他们是感染者中挺难的一群人，顽强、坚韧，让人钦佩！

感染艾滋病病毒后，不管是治疗的需要，还是因病失去工作，都会直接增加患者的家庭经济负担，这沉重的负担可能会迫使他们变卖家产、影响受教育的机会和水平，甚至改变食物消费结构等。所以不要轻易责怪他们不及时治疗或者没办法树立信心，因为这一系列的物质生活压力对他们来说是一道难过的坎，他们爱自己，也爱家人，不可理喻的倔强很可能是为了避免给家人造成更多麻烦。

好在国家有相关的医疗保险政策，给不堪重负的人们一点生存的希望。期待国家未来能出台更多的保障政策，消除歧视，给他们创造一个更为安定幸福的生存环境。生活总是既美好又残忍，凡事看淡一点，再淡一点。拳头般大的心，承受不了那么多。

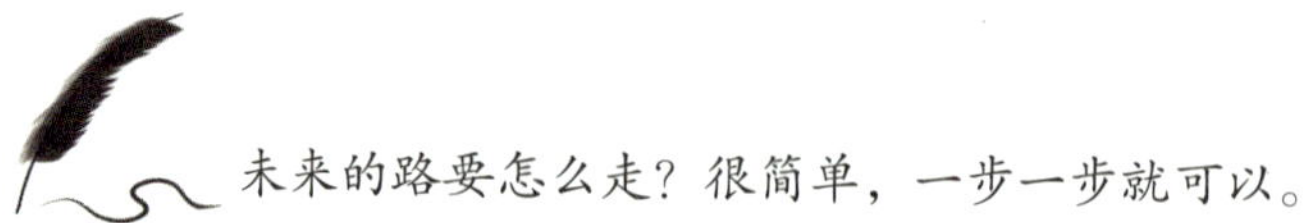

只有够努力，才会够幸运

2021年8月3日  星期二

13病床的小某这两天接连给我发微信，把自己接受治疗后的感悟都写了出来，他认真的样子特别值得称赞。很明显，心态调适后，他的食欲、身体状况越来越好，这让他信心倍增，也让他父亲如释重负。现在，小某每天积极配合治疗护理，闲暇时会帮助我们管理同一“战壕”里的“左邻右舍”，鼓励大家携手一同进步成长。看着小某和大家互动如此积极，他父亲的脸上终于也有了笑容。

小某之所以信心倍增，是因为他通过医护人员的信息指导、通过与病友的沟通，更全面地了解到艾滋病的特质与治疗效果。之后，他积极配合，在治疗过程中又感受到了改变后的不同，看到了改变所带来的希望。在病魔的打击下，很多人会对未来的生活产生认知偏差，失去生活的热情和意义，如临深渊一蹶不振，就算有旁人愿意伸出一只手，他也未必肯抓住，他不是怕上不去，而是怕上去后也没有力气前行。可是，为什么要把未知的可能当成现实的笃定呢？希望难道不是通过一点一点地努力变成现实的吗？

未来的路要怎么走？很简单，一步一步就可以。当然，每一个人都会经历一段咬紧牙关的坚持。在这艰难向上爬坡的过程中，你终究会发现：只有够努力，才会够幸运。加油吧，祈愿健康、平安！

漫长的人生不知道会遇到什么事情，不管是坏事、挫折或者是好事情，都是不可抗拒的，也是无法改变的，而能改变的是你面对它的态度。

接受它，你会知道该怎样去应对

2021年8月5日  星期四

文师傅终于如愿携带着抗病毒的药物出院回家了，而与其同病房的熊师傅带状疱疹才刚结痂，又被痛风缠上了。这段时间，熊师傅日益消瘦，总在病床上辗转反侧，可谓苦不堪言，他爱人在一旁也束手无策。在当地医院治疗效果不好的老杨新转入我们医院，他消瘦乏力，口腔出现真菌感染，进食吞咽困难，情绪十分低落。他爱人来医院陪伴照顾他，万幸她初筛检测结果为阴性。

但隔壁病房的三位外地艾友就没那么幸运了，他们的妻子先后都已经确认感染艾滋病病毒，三对夫妻目前都已开始抗病毒药物治疗，志愿者也已对接进行辅助干预。

漫长的人生不知道会遇到什么事情，不管是坏事、挫折或者是好事情，都是不可抗拒的，也是无法改变的，而能改变的是你面对它的态度。只有在接受它的过程中，形成比较从容的心态，这样，对于突然而来的灾难，就知道如何去应对，就会有积极的解决方法。

别怕出错，就算选错做错，人生也不会就此毁了！只要能为自己的选择负责，人生一定会精彩。

自我负责，才有变好的机会

2021年8月24日  星期二

这两天门诊患者较多，出院后来复诊的患者们在门诊意外碰面，大家还是很兴奋的。文师傅坐着轮椅由女儿推着，一家人都来了；熊师傅“精神抖擞”地走进来，兴高采烈地和文师傅一家打招呼问候，完全看不到他当初住院时的沮丧和忧伤，他爱人不离不弃，一直微笑陪伴左右……老患者复诊来去匆匆，他们轻车熟路，一趟流程很快就能结束。

这次好不容易看见了已吃药6年多的小浩，不出意外，他身边有母亲陪伴，小浩这个26岁的大男孩被宠成了“妈宝”。确诊感染艾滋病病毒后，不管他来医院干什么，他母亲必定寸步不离，就连医生问诊时都是妈妈代为回答，小浩只用在旁边“刷”手机等候，偶尔说一句……对他母亲来说，照顾好孩子就是她的“事业”，可孩子已经这么大，长此以往哪有学习自我管理、成长锻炼的机会呢？

很多父母用心良苦，怕孩子出错或者受累，总是代为包办，可就因为如此，他们从不懂得或者从没有机会学会自我负责。有时候弯路也是一条捷径，你至少可以兜兜转转看一路风景，好过那些一步到位，却因经历匮乏而不懂得珍惜和感恩的人！

别怕孩子出错，就算选错做错，人生也不会就此毁了！只要能为自己的选择负责，人生一定会精彩。

别埋怨生活，因为生活太长，需要一颗乐观的心；别责怪过去，因为过去迷茫，需要时间去释然。

做好自我管理，生活总会好起来

2021 年 8 月 31 日  星期二

刚出院半个月的熊师傅打电话给我，说每天需要吃这么多药丸，太难了，胃实在受不了，问能否减少药丸种类。熊师傅发现确诊时已经比较晚，因机会性感染严重而入院治疗，历经九死一生，跌跌撞撞好不容易才闯关成功，带药出院。吃药再难也没有闯关难，所以新病友吃药初期适应阶段必须咬牙坚持，努力加油，战斗到底！至于胃难受问题，可以尝试使用一些吃药小技巧去化解。

经常吃药致使胃不好，可以在医生的指导下服用保护胃的药物，平时注意饮食调养，还可尝试使用推拿按摩和穴位贴敷方法缓解胃痛。具体如下：

1. 服用药物。可以在服药期间，吃一些保护胃黏膜和抑制胃酸的药物，以减轻抗病毒药物对胃黏膜的刺激，平时尽量避免吃对胃具有损伤的药。

2. 饮食调养。要养成良好的生活习惯和饮食习惯，饮食规律，定时定量，少食多餐，饮食以清淡、易消化食物为主，同时需戒烟酒。

3. 推拿、按摩。胃肠不适时，用手顺时针反复揉按腹部，可以促进腹部血液循环，加速胃肠蠕动，改善肠胃功能。

4. 穴位贴敷。一般可敷贴足三里、神阙、天枢等穴位，药物持续刺激这些穴位，可达到疏经通络、调理脾胃功能的作用。

别埋怨生活，因为生活太长，需要一颗乐观的心；别责怪过去，因为过去迷茫，需要时间去释然。积极调整心态应对疾病，切记保持良好依从性，好好吃药，做好自我管理，相信一切都会好起来。

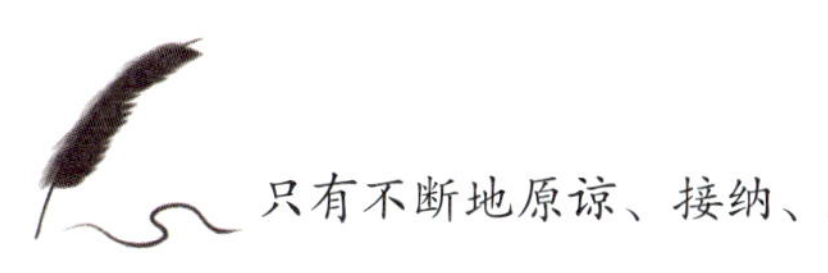

只有不断地原谅、接纳、放下，才是真理。

接纳生活，让不完美因你而美好

2021年9月18日  星期六

下午刚开诊，门诊大厅便有一家三口坐着候诊。孩子八九个月了，白白净净，戴着一个儿童卡通口罩，并不哭泣，一双大眼睛滴溜溜地转着，在母亲怀中好奇地观察着候诊大厅陌生的环境。

年轻的父母则揣着确诊报告忧伤地坐着等待就诊。我问询他们的情况后，才知道父亲小唐已经确诊感染艾滋病病毒了，这是来医院初诊并准备开始抗病毒药物治疗。万幸的是，小唐的妻子初筛检测显示阴性，孩子应该也是没问题的，这让夫妻俩多少释然一些。

小唐一直很沮丧，妻子不放心他一个人来医院就诊，便抱着孩子全程陪伴左右。

真心为小唐的妻子点赞！很明显，她是一个大度且特别有同理心的人，不管她心里是否有怨恨和委屈，但她都将自己的情绪暂时压制了下去，把关爱和勇气传达给了生病的丈夫。这无疑是艾滋病病毒感染者家庭关系的典范，没有人进行道德绑架，也没有人不负责任地一走了之，而是共担生活的磨难，尽量给无辜的孩子平静的生活。相信在这样有爱的家庭环境里长大的孩子，将来理解并支持父亲的概率也会更高一些。希望病痛带来的磨难，不要遮蔽孩子简单而纯朴的生活。

当你身上背负的东西越来越多，以致时间与精力变得稀缺时，所有的兼顾都是强求。只有不断地原谅、接纳、放下，才是真理。

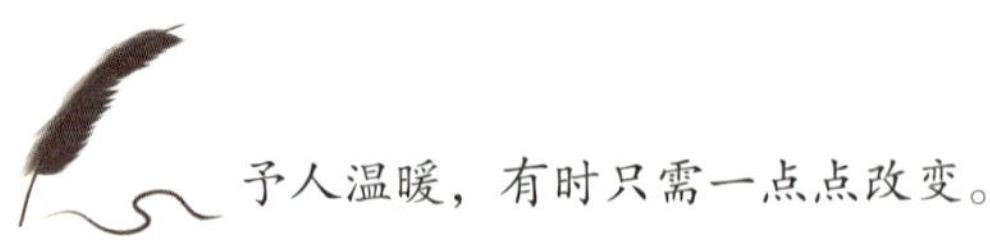

怀抱打开时，就有了洪荒之力

2021 年 11 月 1 日  星期一

徐大爷 10 月 29 号又一次按时来复诊取药了，这是他今年的第四次复诊。他孤身一人从外地过来看病，虽然路程遥远，但是他不到 7 点就到了医院的门诊候诊。

深秋的清晨，天还没有透亮，门诊大厅必然是清清冷冷。徐大爷心里有些没底，他给我打电话询问就诊事项，问我是否会来上班。他说看诊时医生和患者都要佩戴口罩，他说的是方言，医生听不太懂，他也听不太明白医生说的事情，轮到他就诊时如果我能在旁边“翻译”，他就安心。

不巧的是，我那天要去外地参加会议并授课，接到徐大爷的电话时刚上高铁。在高铁上，我和徐大爷聊了聊他的近况。他说自己没经济来源，全靠儿子赡养，而他自己还有一个高龄母亲要侍奉，因此日常营养跟不上，平时得省吃俭用才行。聊完后，我和坐诊医生打了电话，叮嘱她费心帮助徐大爷完成就诊。

不得不说，中年人或者像徐大爷这样还有高龄父母的人一旦感染艾滋病病毒，不仅会影响自己的身心健康和家庭建构模式，还会严重影响代际关系。若孩子还在读书接受教育，那么父母一方感染艾滋病病毒后，亲子关系和孩子的教育资源必然会受到影响；若有年迈父母，那么成年子女感染艾滋病病毒后，将会给父母的生活带来诸如经济贫困、无人照顾、精神损害等影响。这都会导致出现家庭代际支持链断裂，可能也正因如此，患者们才会背负巨大的现实压力而产生负面情绪吧！

真希望自己有能力能帮助到这些朴实困难的人群！希望国家能关注到艾滋病感染群体的家庭功能，给予更多的政策倾斜，我们作为医务工作者也应思考该如何借力推助目标达成，为这些不幸的人儿做一些力所能及的事情。予人温暖，有时只需一点点改变。

只要我们怀揣希望并努力克服困难，相信即便未来不是坦途，也会风光无限。

爱在，就有情感蓝天

2021 年 11 月 9 日  星期二

吃了几年抗病毒药物的小越最近身体出了点问题。在单位年度体检时，他被发现有甲状腺结节，需要做手术。因为担心综合医院术前检测等难题，小越的父亲前几天向我打电话求助，说希望能在我院手术。我自然不敢怠慢，立刻帮助他联系了外科主任。11 月 5 日，在完成门诊核酸检测后，他们顺利地办理了入院手续，并按要求做了各项检查。

得知小越昨天下午已经顺利做完切除手术，我今天上午去外科看望他。术后的小越状态很好，父亲在身边细心照顾着，母亲在家做好饭菜送来医院。看着他们相亲相爱的场景，我很感叹，危难时刻见真情，一家人相互关爱扶持，一晃就走过将近十年时光！

这又一次证明：感染艾滋病病毒后，如果有家人的陪伴和支持，患者会更容易正确面对生活，依从性也会大大提高，从而保持病情的稳定性，而这些又会促进良好的家庭关系和提高生活质量。想想那些因患病后而出现家庭关系紧张的患者，心里不由得难过，也越发认定，对艾滋病患者实施家庭干预极为有必要。未来，我们一定要给患者和家属做更全备的健康宣教，强调家属参与、支持的重要性，给患者送上一片情感的蓝天！

在这个世间，每个人都会面临这样那样的问题。事实上，人生就

是一个不断制造问题和解决问题的过程。一个问题解决了，新的问题又接踵而至，循环往复，不曾少息……但是只要我们怀揣希望并努力克服困难，相信即便未来不是坦途，也会风光无限。

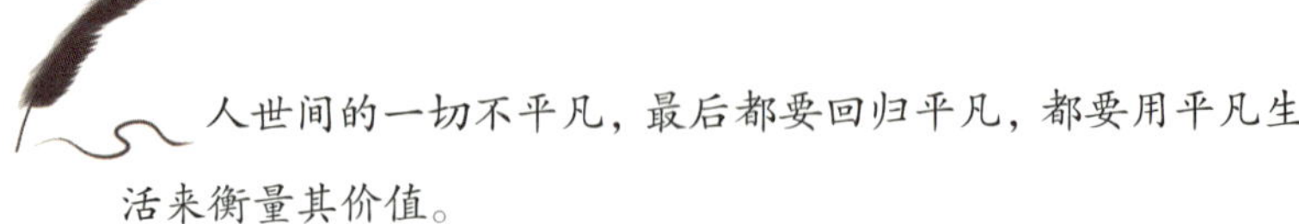

人世间的一切不平凡，最后都要回归平凡，都要用平凡生活来衡量其价值。

把平凡生活过好才是圆满

2021年11月13日  星期六

今天，86岁的老谢爷爷来复诊了，这应该是他2021年度最后一次取药。他在门诊完成了抽血检测后去吃早餐，看到我好高兴，让我等下他，说有事要和我聊。

我和老谢爷爷坐下聊了会儿家常，老谢爷爷的老伴几年前已去世，平时一个人居住。幸运的是，除了患有高血压病，他身体还算硬朗，可这两年他开始有些担忧。原来，他的儿女均在外省，这么多年过去了居然都还不知道父亲感染艾滋病病毒的事情。因此，老谢爷爷害怕自己突然有一天不能自理，那时候他该怎么办？谁帮助将他送医院？谁最终向其儿女告知病情？

出于对我的信任，老谢爷爷将自家住址、外地女儿的联系方式郑重留给了我，希望到时候我们可以帮助他。我也自然郑重承诺多与他联系、关注他的身体情况，让他放心。

其实很理解老谢爷爷的做法，他人到暮年，不管是出于病耻感，还是不想给儿女添麻烦，哪怕有各种担心，仍是选择了独自承担。这个平凡的老谢爷爷有这样的勇气和良善，是很让人佩服和尊敬的。其实老年艾滋病患者的焦虑情绪和羞耻感是明显高于青壮年人群的，社会支持率也会更低，更不能被人理解。而很多本就依靠子女赡养的老年艾友，患病后会面临更为严峻的生活压力，甚至不敢选择住院治疗。因此，真希

望社会能关注这个特殊的群体，给他们力所能及的关爱，让他们活得更有尊严一些！

人世间的一切不平凡，最后都要回归平凡，都要用平凡生活来衡量其价值。伟大、精彩、成功都不算什么，只有把平凡生活真正过好，人生才是圆满。接受平凡，与自己和解，才是生活真正的智者。

用学习的心态和专业人士沟通，用理性平静的语言和自己对话，依靠强大的信念修正自己的行为，一定能活出精彩的人生！

端正心态，你可以活得更精彩

2021年11月15日  星期五

小越手术恢复得很好，今天出院回家了，真为他高兴。

下午的门诊很是热闹，来了几位老病友。

其中转诊回家乡取药的芳大妈来南昌做事，因担心当地治疗检测存在问题，特意绕道来我院咨询、做检测。期间，她和另外几个就诊的老病友聊了很多，又和坐诊医生反复沟通，咨询了和治疗有关的一些事情，但似乎仍对自己的治疗用药方案犹疑不决。看着她举棋不定的样子，我心里很替她着急。

其实你心里想什么，事物就朝着你想的方向发展。无论你的注意力，或者能量集中在哪个方面，也无论这种注意力或者能量是消极的还是积极的，你都在吸引着它们成为你生活的一部分。所以，如果对药物方案不满意，一直心存犹疑，那么药物就会真的很难达到它本应达到的效果。对于心存疑虑的事情，与其惶惑不安，不如虚心听从专业人士的建议，积极配合，让药物最大程度地发挥其效果。

吃药已经一年多的平叔更让人哭笑不得，他来院后连坐诊医生也不找，直接在门诊大厅吵闹不休，说吃药这么久，身上居然还是瘙痒不停，再也不相信医生。后来，他表示需要和我沟通，向我咨询问题才放心。我安抚他一番，让他抽血送检后，便坐下来同他耐心交谈，

与他分析透彻前因后果，才发现原来他自己对每天应吃的药物打了折扣，减量服用。这当然不行呀，病毒控制不好基本上可以判定是药物量不够、真菌复燃所致。没办法，我又好好地对他进行了一番药物依从性教育，希望他能听进心里去并且规范用药吧！

临近下班时，小艾宝也来了。他也是依从性不好的，确诊几年下来药物吃吃停停，病情也反反复复。我们每次告诉他不能自行停药，他都有理由，惯常说的是药物副作用让他不能耐受而不得不停药。这不，好不容易刚坚持吃了一段时间的自费药物，这会儿自我感觉良好，下午医生让他做下病毒载量和CD4检测看看是否效果真如他所说。

艾滋病病毒感染者一般都会存在这样的认识误区：刚感染时觉得天崩地裂，内心充满恐惧感，会严重夸大艾滋病的可怕性；而一旦接受现状开始治疗时又会不自觉地夸大治疗本身的作用或者忽视疾病的危害性，以为不按时按量服药也没关系，以至于给病毒卷土重来的机会。其实这两种认知都是不正确的，用学习的心态和专业人士沟通，用理性平静的语言和自己对话，依靠强大的信念修正自己的行为，一定能活出精彩的人生！

胡敏华与团队医护人员

了解的信息多，不一定能解惑；但从当下开始改变，却一定能有所收获。

内心安宁，才能心无旁骛驰骋

2021年11月25日  星期四

这周我一直在外开会，每天晚上到很晚才有时间进微博浏览信息。昨晚的私信比较多，有位外地艾友的问题有点难回答。见已是深夜，想着语音聊天更方便沟通，便留言让他加我微信。

本以为他可能要到第二天才能看到留言，可是没过几分钟，居然有人添加我的微信为好友。虽然添加者没有备注信息，但我想，这应该就是在微博里给我留言的那位艾友。可又怕万一不是，我只好让他先作自我介绍，他很快便回复了信息，说明自己的情况。这一来二去，真弄得像两人在微信用暗号接头一样。

照着老规矩，我立刻同他进行语音聊天，回答他的各种疑问。心理干预近一小时后，这番对话才结束。看吧，又是一个习惯性熬夜的人……由此可见，我们艾友的日常自我健康管理还是有很大问题的。

其实，日常自我健康管理问题的存在，一般说明三个问题：一是意志力不强。二是心态消极。三是对问题的严重程度认识不足。艾友急不可待半夜加微信咨询问题，说明他处于严重的心理焦虑中，而忽略了睡眠本身的重要性。其实，对抗艾滋病病毒是一个长期持久的过程，不仅要有“战略”，还要有意志和积极的心态。艾友们本身存在身体免疫缺陷，所以想保持身体状态的稳定，最好提高警惕，改变原有的不正确的生活状态，积极调整心态，努力克服困难，作息规律，

不给病魔可乘之机。

了解的信息多，不一定能解惑；但从当下开始改变，却一定能有所收获。希望我们的艾友都能明白，做好自己该做的事，把专业的事交给专业的人，然后积极配合，就能最大范围降低伤害。愿你内心安宁，可以一路心无旁骛地驰骋！

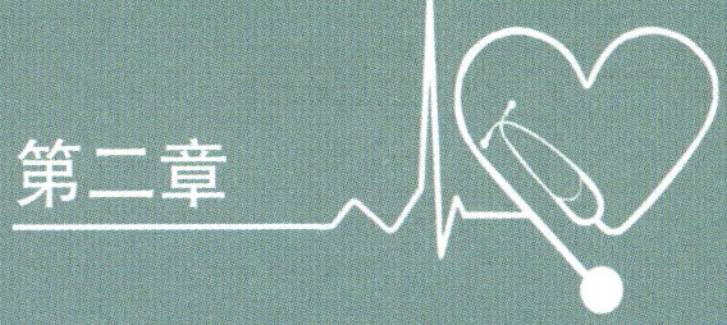

第二章

艾言爱语：生命里全是你爱的种子

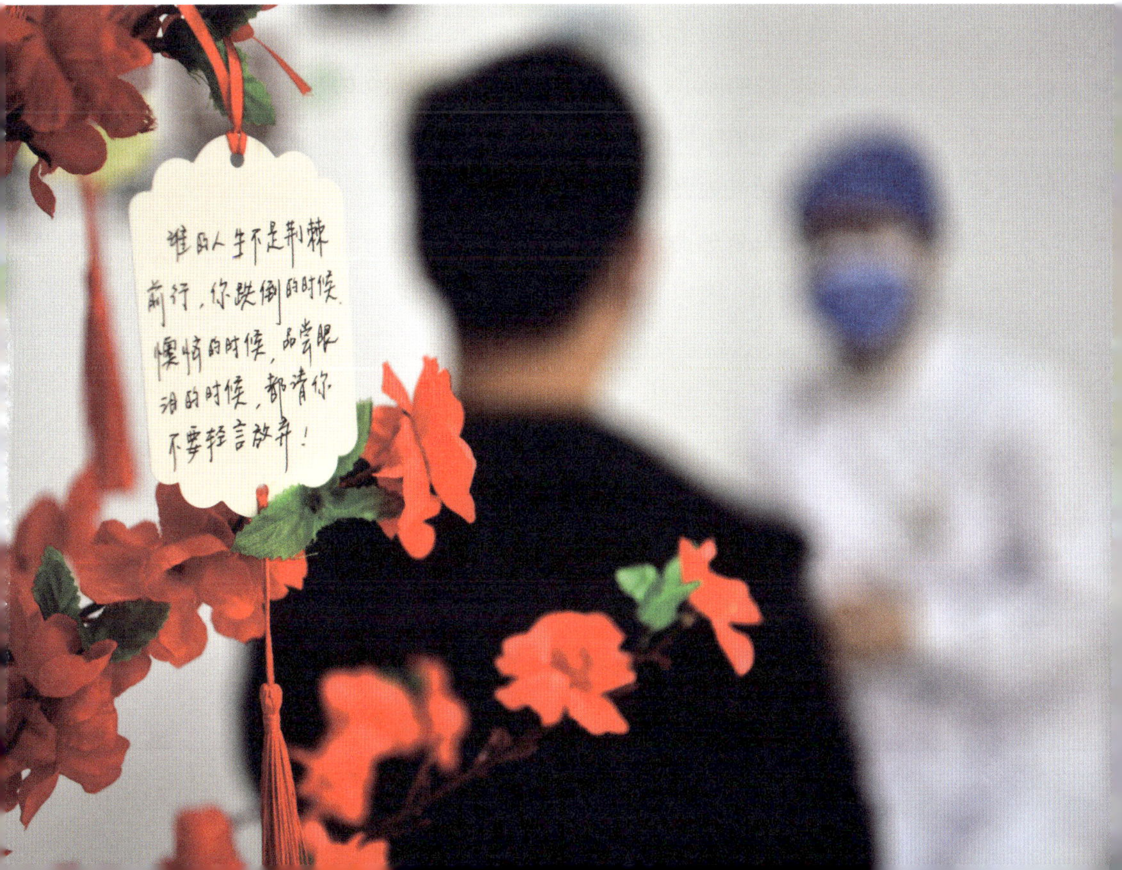

谢谢你，让我知道不是一个人在战斗

2009年7月23日，注定是我今生需要铭记的一天。在拿到HIV确诊阳性的报告单后，我整个人傻了……脑袋一片空白，没有人知道我当时有多么绝望。我一下子瘫在水泥地上，哭都哭不出眼泪。那种绝望的心情真的是我这辈子都没有经历过的。

12月1日，注定是我的节日——世界艾滋病日。这个日子曾经离我是那么的遥远，而现在却成了我的节日，在这个特殊的日子里，我每分每秒都在数心里的伤口。在2009年的7月23日之前，我也许还在逛街、在和朋友吃饭、在KTV快乐地唱歌，而后来……我的心像被千万只魔爪抓挠，心已经碎了，精神已经麻木了，状态已经崩溃了！以前听说，人在极度悲伤的时候反而是哭不出来的。知道结果的那一刻，我确实没有哭，是的，没哭！我想我是没有勇气去哭了！

似乎老天总是对我不公，我一直就是一个不幸的女人。我曾经有过一段婚姻，因为他的背叛，他的冷漠，我选择了离开。能有什么办法呢，这就是我的命吧！2008年年底，经朋友介绍，我认识了现在的丈夫。他是一名大学老师，曾经的爱人因为肾脏有问题，常年卧床不起。可是他不离不弃，一直陪伴着到她离世。我想，这样一个忠厚老实的男人是值得托付一生的！一个月后，我们就领了结婚证。

2009年5月，在我们结婚的第7个月，丈夫一病不起，住院了。一直不见好转的丈夫在医生的建议下转到南昌市第九医院，并做了 HIV 筛查。7 月 2 日结果出来，HIV 显示是阳性。那一刻，对我来说简直是天崩地裂。我丈夫却沉默不语，没有哀声，也没有叹气。7 月 23 日，我的确诊报告也出来了，没有一点悬疑。一张报告单，毁了我的全部！是这个男人毁了我的全部啊！

知道结果后，我把自己关在屋子里面，也不开灯，跪在地上给父母打电话，听到电话那边父母的嘘寒问暖，我的心就像被扯碎了一样，但我依旧没有哭，因为怕父母听出来。我只是跟父母说："放心吧，我一切都很好。"挂了电话，我知道，完了！我们全家都完了！我的未来完了！我的人生完了！我不想跟任何人说这件事情，我就是想死，我想和丈夫一起死！死了，就可以解恨了；死了，就不会有羞愧了；死了，就不会有人知道我们患上了艾滋病！

我出门戴着口罩，戴着墨镜。我不想让大家用异样的眼光看着我啊！我知道，一旦成为 HIV 患者这个群体的一员，就等于被人类屏蔽！

幸运的是，那一刻，胡敏华护士长站在了我的身边。每次我声嘶力竭的时候，她就站在我的身边。我冲到丈夫的病床边，渴望狠狠地扇他一耳光，手没有下去，被胡敏华护士长拉住了，她让我冷静一点。我哪里冷静得了？！我也曾是一名医务工作者，哪里承受得了这样的打击？

那一刻，我哭了，哭倒了。护士长走到我的身边，扶着我。她用纸巾擦拭我的泪水，让我靠在她的肩头。她的肩很窄，可是她的肩让我觉得好踏实！她居然没有嫌弃我是 HIV 感染者！她还用手紧紧握住我的手，对我说："身为女人，你的痛，我能懂！生活就像一面镜子，你对它笑，它就对你笑，你对它哭，它就对你哭！你要坚强！这种病只要控制得当，你还可以和正常人一样生活！只要有信念，就一定有希望……"

在那几个月，护士长每天上班的第一件事便是到病房来看看我们。在那几个月，我每天都缠着护士长。我知道，我所有的苦只有告诉她，我才能好受一点点！或者，也不会好受，只是想对她说而已。虽然我知道护士长很忙，她还负责甲流病房的工作，那时候甲流正是猖獗时。可是我也没有办法，除了跟护士长说，我没有谁能倾诉。于是，护士长在门诊，我就跟着到门诊；护士长回病房，我就跟着回病房。

丈夫住院的那段日子,丈夫的姐姐来给我们洗衣做饭,她不知道我们夫妻生了什么病。我知道，姐姐一定很嫌弃我，她一定嫌我懒！一定在心里指责我作为一个正常的女人居然不照顾生病的丈夫。生活中的这些琐事我统统只跟护士长说，护士长鼓励我把我们的事情告诉家里人。她说，目前在中国，没有谁会把这事跟朋友说，家人是最美好的港湾,姐姐不知情肯定难以理解，如果知道实情，她肯定会感谢我，因为我没有离开她的弟弟。所有的人都需要一个心理宣泄的出口，医护人员能做的不是主导，而是配合。多少次，她苦口婆心地劝导我，直到口干舌燥。

胡敏华（左）在社区义诊

那天，我又开始抓狂。我把憨厚老实的丈夫激怒了，他居然说："这病还不知道是谁传给谁的呢！"我听完就懵了，他怎么可以说那样不负责任的话啊，我站起来就想掐死他！护士长听到动静冲进了病房，见此情景，先把我们彼此劝开了，然后对我说："小吴，你先出去。"我哭着跑出了病房，在门外，我听到了护士长对丈夫说的话："老杨，你看你 CD4 才几个，可是你爱人却有 200 多，这就基本可以确定病毒是来源于你。现在她是有点抓狂，可是，她并没有离开你啊！她还来医院陪你，这就说明她是爱你的！你要多体谅她一点。夫妻之间本来就应该相互谅解，这个坎，我相信你们一定可以过去……"

我没有听完接下来的话，后来，护士长又来找了我。她对我说："小吴，有困难时宣泄是可以的，但是你可以选择换个对象。如果你觉得不开心，就来找我！你是爱你丈夫的，对不对？别说没有！我仔细观察了，你看他的眼神中透露着爱！既然还爱他，就让他安心养病，你看他，现在那么憔悴！你自己也是这么憔悴，看了多叫人心疼啊！"那个晚上，护士长陪了我很久，每一句话里都藏着温暖，直到晚上 11 点多她才回家。那一刻，我觉得自己好歉疚啊！白天，她工作忙，可为了照顾好我的丈夫，每次治疗都是护士长亲自上。每隔一会儿，她就到病房转一转。下班后，她都不着急回家，而是来看上我们一眼再走。如果不值晚班，她就给我打电话，问我们吃了没有，问我们近况如何。每次我控制不住歇斯底里时，她就一准出现，拉住我，劝阻我。我觉得好亲切啊！她就是我的亲大姐！

她给我讲其他患者的故事，还几次三番地动员我，要我尽量和家里人通个气。可是，叫我把这样的事情跟家里人说，我怎么开得了口啊？我怎么面对他们，又怎么去正视他们那渐渐老去的脸庞和满头的白发啊？护士长却坚持说，家人会给我一个最博大的胸怀，他们一定会支持我！抱着试试看的心态，胆战心惊地把事情告诉了妈妈，妈妈的反应出乎我的意料之外，却在护士长的意料之中——我和丈夫真的受到了家人的关怀。时间久了，我也渐渐平静下来了，越来越发现亲人需要的不是金钱，而是一个开心活泼、生活幸福的我，我想我只有坚强起来，乐观面对生活，才对得起自己、家人和尊敬的护士长。

到今天，我已挺过了近2年，我要感谢我的朋友、家人和南昌市第九医院的医生、护士，尤其是胡敏华护士长，我知道我不是一个人在战斗，我一定要更勇敢地向前走。丈夫说他愧对我，他说胡护士长告诉他我是怎么照顾他的，他很感激我的不离不弃，他说只要他活着一天就会对我好一天。我知道，这都是护士长的功劳啊！是胡敏华护士长，在我们心灵最黑暗的时候，帮助我们重新鼓起了生活的勇气。我现在明白了，护士长说得很对，其实疾病并不可怕，可怕的是人自己的心态！艾滋病也只是一种慢性病，只要积极治疗，就可以活很久！我们还可以做很多想做和该做的事情。这是一种生活态度，活着，就会有希望！

如今，丈夫的身体一天天好转，CD4数目也一天天增多，这让我很欣慰。今天，我还要告诉大家一个好消息，就在前段时间，我们领养了一个女婴，四个月了，很健康、很可爱。感谢胡敏华护士长在我们最无助的时候帮助了我们。谢谢！我一定好好地生活，用自己的能力去帮助能够帮助的人。最后祝愿所有的朋友都要开开心心地生活，珍惜每一天带来的快乐。

2011年6月29日

让爱随郁金花的香味飘洒

——《2016 年“江西彩虹之家”郊游》散记

3 月 12 日，“江西彩虹之家”携手南昌市第九医院，召集部分艾滋病病毒感染者进行了一次南昌市郊游，这次郊游有一个很好听的主题名——“与花邂逅”。3 月的南昌，虽然刚经历了一场倒春寒的洗礼，但在时节的催令下，郊外的鲜花还是争先吐放，让宅居一个冬季的我们都充满了活力。

上午 8 点半左右，从全省各地来的病友们陆续聚集在南昌火车站广场，志愿者七哥和小熊分发号牌，小檀则不断地嘱咐大家路上的注意事项。此刻，相识的和不相识的病友们彼此之间心里都有个信念——是“爱”让我们齐聚一起。

9 点刚过，我们在彩虹旗的引导下逐一上车，由于是和普通人同乘一车，病友们相对来说比较安静。平时在 QQ 群里喜欢热闹的病友们都成了安静的“美男子”。有座位的成员都能主动让座于年纪大的或身体状况不太好的病友，因为我们是一家人。

由于路途较远，加上又是周末，所以公交车上人数较多。对于我们这群人来说，一路的辛苦可想而知，但我们这一大家子人还是其乐融融，欢歌一路。大概两个小时后，我们一行四十多人顺利到达了目的地——南昌市湾里区太平镇。一下车，首先映入眼帘的就是一座江南风格的古色古香的小镇：街道十分整洁，两边的房子依小河而建，河水自山中流下，清澈见底，时而还见小鱼在水中游动。好一派静谧的风光！对于久居于城市的我们来说，这难道不是一次大自然的洗礼吗？

由于坐了两个多小时的车，考虑到大家的身体状况，我们就在小镇里简单地吃了中饭，顺便消除旅途中的疲劳。饭后，我们向着第一个目的地进发。走了大概一公里，一片花园——欢乐葵园展现在我们眼前。买好门票后，我们依次进入了葵园。由于处在初春时节，葵园肯定是没葵花的，但不用担心的，虽然没有葵花，但我们看到了难得一见的郁金香。抬望眼，连片的郁金香在风中飞舞。

说起郁金香，在普通人眼里，看到的只是花朵的美丽，但对于我们这群人中的大多数人来说，还有别样的情结。郁金香又名洋荷花、草麝香、郁金，它的品种极其丰富，且花色艳丽、色彩繁多，令无数人为之倾倒，更是“同志”心中圣地荷兰的国花。郁金香作为荷兰的国花，同时也被誉为“世界花后”，它的花卉刚劲挺拔，叶色素雅秀丽，荷花似的花朵端庄动人，惹人喜爱。郁金香之所以成为荷兰的国花，有段美丽的典故。相传，第二次世界大战期间，有一年的冬季荷兰闹饥荒，很多饥民便以郁金香的球状根茎为食，靠郁金香维持了性命。荷兰人感谢郁金香的救命之恩，便以郁金香为国花。

郁金香体现了一种乐于助人的精神，同时也体现了主人不拜金，崇尚高尚精神的家居风格。在荷兰还有这么一段传说：郁金香原生长在中国的青藏高原，于1554年从土耳其引入欧洲，从此在那里风行起来，到了17世纪成了荷兰疯狂金融投机商们竞相追逐的目标。有人还编了一个故事：古代有位美丽的少女住在雄伟的城堡里，有三位勇士同时爱上了她。勇士们分别赠送她皇冠、宝剑和金堆。但她对谁都不予钟情，只好向花神祷告。花神深感爱情不能勉强，遂把皇冠变成鲜花，宝剑变成绿叶，金堆变成球根，这样合起来便成了郁金香了。在每年的情人节，除了玫瑰，郁金香也成了少男少女们传情意给情人的最佳选择。

我之所以推崇郁金香，除了它有上述特点外，更重要的是它所代表的荷兰是最早有法律认可同性恋的国家。早在2001年，荷兰国家的法律就承认“同志”婚姻合法化，因而荷兰也成为同性恋群体向往的国度。众所周知，我们现在社会存在一种这样的观念，即艾滋病等于同性恋。我们也承认，男男同性恋中染上艾滋病的是不少，但我们难道愿意染病吗。生命对于每个人来说，都是那么重要，我们也珍惜我们的生命，但我们“同志”的生存环境又是何等的恶劣，我们是性取向与大众不同，但我们不是魔鬼，社会上没有必要把我们同性恋妖魔化，如果我们能光明正大地去爱，我们也就不会那样染病；如果我们能够大胆地和自己喜欢的同性生活，我们或许就不用受这样的病痛折磨。所以说，看到连片的郁金香，我们大家都挺感动的。既然我们国家的土地也能培养出郁金香，那我们国家的价值观何时能接纳并包容我们？到那时，我们就真的能感受到爱洒满人间了。

我们流连于美丽的郁金香的花园中，大家脸上都露出了难得的笑容，我们在草地上嬉戏着，和医生、护士在一起，忘却了病痛，忘却了心中的烦恼。此时此刻，我们只想沐浴在春风中，让心随着风儿飘扬，把沉积在心里的苦闷在嬉笑中完全释放。

我们是病人，但我们也是社会的建设者，我们当中大多数人都在用自己的汗水建设着属于自己的美好生活，我们不希望社会戴着有色眼镜看我们。我们是人，我们不是妖魔。我们只想有平等的生存环境，平等的医疗资源，平等的就业机会。我相信我们的国家会越来越包容，越来越博爱，期待郁金香的气息早点降落在“同志”心中吧。

2016年3月12日

人生路虽有坎坷，但我相信未来依然美好

4 月 17 日，“彩虹之家”组织了一场别开生面的“与艾共生”主题活动，虽然当天天公不作美，但是在这里却很温暖。对于我来说，平时都是在网上看看与艾滋病有关的新闻，也通过“彩虹之家”的“江西艾滋病援助”新浪微博和胡敏华护士长的微博来了解关于艾滋病的知识，而今天却是第一次参加这种线下艾滋病交流活动。

在活动现场，我看见 Ken 仔本人和一帮热心的“彩虹之家”志愿者们，还有疾控中心工作人员和南昌市第九医院的医务人员，在这里，我第一次聆听艾友的演讲——我们“与艾同行”，并且“因艾得福”。活动中 Ken 仔的人生路让我明白，其实很多事情

胡敏华与患者在心理咨询室沟通

不必庸人自扰，不要因为他人的无知，尤其是把他人狭隘的看法当成是自己的问题，生活上更要有健康的自律意识，并懂得自我调养。我们的希望在一步一步实现，所以更应该乐观面对生活！

作为一名 90 后感染者，我其实更加感恩能活在当下，因为相对于早些年感染的人群来说，我是幸运的，有这么多的药物选择，同时身边还有许多充满正义和爱心的“彩虹之家”志愿者们及医务工作者们为我指引前进的路，他们犹如一盏明灯帮助我解开困惑，告诉我生命的意义，由衷地感谢他们！他们就像天边的一道曙光，照亮我前进的路，让我不但不会放弃自己，反而更加爱惜自己，也会不介意甚至可以理直气壮地反驳异样的眼光。我相信我们会越来越好！

2016 年 4 月 20 日

在坚强中成长，或许会遇见峰回路转

其实很多时候，我们都需要经历一些别人无法理解的东西，才能真正成长。

HIV 初筛结果显示阳性是由电话通知的，我当时还在上课，听到消息后虽然脑子“嗡”的一声，但还是没让它炸开。课后，我默默回到寝室，想让自己哭会儿，但干号了几句却没有办法挤出眼泪。确诊后，我开始连续性失眠，精神近乎崩溃，每次闭上眼，满脑子都是艾滋病、骨瘦如柴、世纪绝症、五六年后发病、死亡……我从未去深刻了解艾滋病这个潜藏在周围的恐怖事物，不知现在怎么去面对它。我怎么都不肯将自己和艾滋病联系起来，更不知道接下来该如何是好。

我承认，那一刻，我真的很脆弱！

不过我很庆幸，在最敏感的时候被家人和朋友包容与接纳。尽管他们选择了沉默，但最后一句“要好好的”还是让我备感温暖。

心态端正后，随即开始接受治疗。我自己通过各种渠道对艾滋病病毒做了一番了解后，发现艾滋病的治疗并没有想象中的那般可怕，当然也没有那么轻松，毕竟需要终生服药并保持良好的依从性，这对人们是一项重大的挑战。开始认真服药后，我接触了一些艾友，他们也在积极地配合治疗，并没有显示出悲观颓废的状态，大家都在认真地去对待。而且国家也出台了各类支持政策，所以治疗时只要配合。

很喜欢一句话：人生在世，总是有些空城旧事，年华未央；总是有些季节，一季花凉，满地忧伤。许多事，看开了，便会峰回路转，柳暗花明。学会思索，学会珍藏，微笑领悟，默默坚强，如此便好。

2016 年 11 月 30 日

因为你们，我爱上这美好人间

记得我第一次住院时，情况特别糟糕。当时的我全身长满了红色的斑点，颇像红斑狼疮，继而又全身浮肿，口腔内满是溃疡，连喝一口水都很困难，体重只剩八十几斤，几乎奄奄一息，生命垂危。我心中一直默默盘算着怎样料理自己的后事和怎样写遗嘱。

通过抽血检测和鉴定，医生确认这是人类免疫缺陷病毒感染，也就是艾滋病，这无疑对我精神又是一次沉重的打击。都说这种病的死亡率很高，当时的我既担心又害怕。

后来，我被转到了南昌市第九医院，碰到了许多好心人。比如感染二科的陈绛青主任，她医疗技术十分精湛，对工作极为负

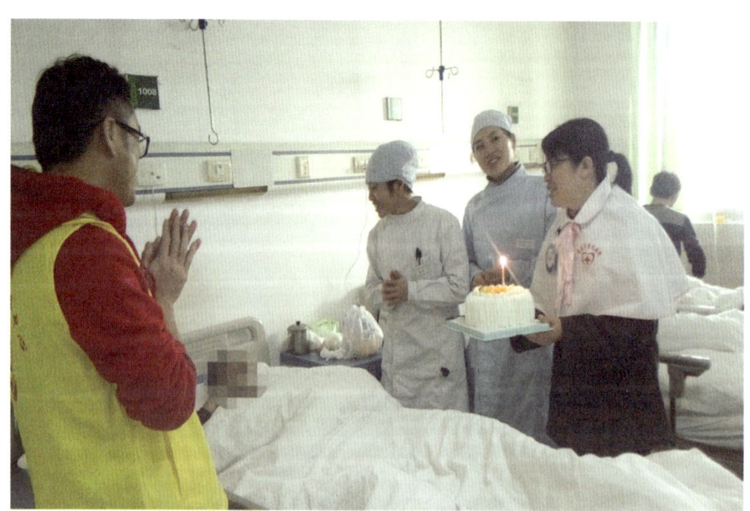

胡敏华为艾友送上生日蛋糕

责，品格也格外高尚。她和感染二科的全体医务人员，都给了我颇深的良好印象，他们负责而温柔的工作态度，让病友们备受感动。我常想，是她们治好了我的病，给了我第二次生命，我将永远铭记在心。

在治病期间，我又碰到了全省劳模胡敏华护士长。胡护士长更是耐心细致地开导我，她和蔼可亲，不断地鼓励我与疾病作斗争，让我渐渐振作起来。正是得益于这些好心的医生护士的帮助，我的病情很快好转。我现在能吃能睡，体重增加到一百多斤，就和常人一样，没事还早起跑步，翻翻单杠双杠，心情特别好。

值得一提的是我的家人，尤其是我的儿女，他们一直对我关怀备至，没有半点的嫌弃。党的政策也好，又发退休金，又给报销医药费。如此，谁还舍得离开这个美好的人间。

2017 年 11 月 1 日

真诚的温暖，是我坚强活下去的动力

我是一名刚被确诊的艾滋病病毒感染者，从初筛到确诊差不多用了两个半月。其间也有过焦虑和恐惧，我告知家人了，也告诉了最好的朋友，幸运的是，他们都对我不离不弃。感动，更加珍惜！

那是11月10号，我在杭州确诊，而今年刚毕业的我在杭州还没有单位，也没有医保，因此在那边上不了药，只能转到老家疾控中心。可惜联系近一周都打不通老家疾控中心的电话，又考虑到老家熟人较多，似乎也不适合在那边拿药。

知道自己感染艾滋病病毒后，我一直关注着这方面的消息，

胡敏华与团队成员共商工作

也在微博上发现了一些特别正能量有爱心的医生护士，尤其是南昌市第九医院感染二科的胡敏华护士长。我愿意相信她的真诚与善良，直接来到了这家三甲感染专科医院。当天下午，胡护士长不在，是“彩虹之家”另外一位负责人小檀接待的我。小檀特别温柔热情，让人感觉很温暖，她告知了我需要准备的一些东西，并教我应该怎么去做。我也不知道为什么，在这里忽然就有了家的感觉。也许是感染这种病毒的人都特别没安全感吧，忽然发现有容得下我们的地方，就特别感动。

第二天再去时，感觉到这里的人挺多，医生对每个人都很有爱心，这更让我感觉舒服。我相信这种病也不是那么可怕，已经有很多人在努力地想办法解决问题，只要坚持，问题最终都会得到解决！我会勇敢面对，不会像某些遇到困难却先恐惧的朋友一样选择逃避。加油吧，未来的每一天！

2017 年 11 月 17 日

熬过寒冬，你会看到枯木在发芽

2016 年，23 岁的我风华正茂，新婚不久就怀上了宝宝，对未来的生活充满希望。婚后，老公对我疼爱有加，公婆也慈祥和蔼，待我如亲生女儿一般，我衣来伸手，饭来张口，沉浸在这幸福的时光里。

从小在单亲家庭长大的我，由于没有得到过完整的父爱母爱，觉得那时的自己真的好幸福，那是一种从来没有过的感觉。老公虽然是相亲介绍认识的，但是我们三观理念基本相同，所以我更加觉得上天终于眷顾了我，让我由衷地感激。然而，好景不长，打击就像当头一棒，让我措手不及。

现在生孩子不同以前，要抽血化验检查自己的身体，还要定期检查宝宝的发育情况等等。所以，我也按部就班地做了各项检查。一个星期后我们去拿结果，那天，我和老公早早地起床去了医院，所有的结果都出来了，除了那项 HIV 检查。

我当时还不知道这个英文名称是什么，于是在网上搜索了一下，便看到一张张恐怖的图片和文字描述，瞬间就觉得毛骨悚然。但那时，我还是觉得这离我很远，只是以为这个检查可能费时久些。当时老公就拉着我的手说："反正不可能得这个病，要不就别拿了。"为了图个安心，我还是去问了医生，医生要我去化验科问问。于是，我又去了化验科，报上了自己的名字。医生听后脸色突然一变，直接把我叫了进去，还不让我老公进去。进去后，医生直接问我有没有过高危性行为，说我的检查出现了问题。我当时整个人都懵了，心脏怦怦直跳，有种世界末日即将到来的感觉。

我什么都想不起来，因为我在认识老公前并没有谈过恋爱，我不知道什么叫做“高危性行为”，也没有接触过这一类人群，可我怎么就……那一刻，我的眼泪控制不住往下流，医生说为了确诊无误，再抽两管血，七天后拿结果。

等待是如此的煎熬，我和我老公感觉仿佛度过了七个世纪。我每天以泪洗面，每天都在想，要是确诊了我的孩子怎么办？我和我老公的婚姻是不是要终结？我是不是从此就要离开这温暖的家？为什么？为什么事情会发展成这个样子？我老公一直安慰我说：“不是还没确诊吗？说不定医生检查错了。”虽然有各种安慰，我还是压不住内心的恐惧，我把这事告诉了我最好的闺蜜（她的母亲也感染了）。她也安慰我，说查了各种资料，只要吃药就没事，还说怀孕者80%可能会初筛显示阳性，一切等拿到报告再说，这样我的心情才平复了一点点。

七天后，结果果然没有变好。我承受不住打击，和老公抱头痛哭。医生叫我去传染病医院，看孩子是否能要。虽然不舍，但该解决的还是得解决。来到医院，刚好碰到了“南昌彩虹健康咨询公益服务中心”的负责人晓谭，我跟他说明了我的情况。我也明白这事不能让家人知道，加上没吃阻断药，孩子生下来可能会有风险，就更不敢说。他给了我一些建议，还跟我说了很多案例，并做了心理辅导。他告诉我，这只不过是一种慢性病，不用太担心，只需要按时吃药就行。

晓谭借助各种案例开导我，让我的心情慢慢平复下来。我想我不能就此放弃，必须得振作起来，因为还有好多事等着我去做，梦想还未实现，我怎能心甘？怎能就此自暴自弃？

一开始我以为吃药副作用很大，担心会影响日常生活，吃上药后才发现没有我想的那么严重，一切还是照旧。为了回归正常生活，我坐完月子就立马工作了。我老公正处于创业阶段，需要帮助的地方有很多，我明白必须呈现自己的价值，如果一味地堕落下去，迟早会终结自己的婚姻。所以，我做起了辅助工作，帮公司招聘人员、面试，以及负责公司其他一些事。生活开始充实了起来，我的生活渐渐地回归到正常状态，公司也步入了正轨。

突然觉得事情远没我想象得那么糟，只要自己不言放弃，一切都会好起来。所有的一切取决于自己的内心，取决于自己的思想。正应了晓谭曾经跟我讲过的那句话："只要自己负责好好做人，上天自有安排。"

时间过得真快，在这一年里经历了很多，我跟老公的感情也得到了磨炼。晚上两人躺在床上聊天，他说："我们各自拯救了对方，你要记住，活着比什么都重要，只要活着就有希望，不管发生什么，你还有老公我，所以你要好好吃药，我们未来的日子还很长。我们要好好地一起共同创造属于我们的未来，打一场完美的胜仗。我们还有父母要孝敬，还有宝宝要呵护疼爱！经过这些日子发现爱你已经成了我的一种习惯。虽然你感染了艾滋病病毒，这不重要！重要的是，你是个善良可爱的女孩子，也是个好妻子，不管是在生活上，还是事业上，你都是我的好助手，所以我不会放手！"

感慨万千，上天对我真的不薄！此生与你相遇，我还怎么会没有勇气去面对困苦？我会熬过寒冬，熬到所有的草木都发芽，直到再次见到希望的光。人的一生，难免会遇到各种坎坷，只要我们自己不言放弃，美好的生活总会向我们招手。希望所有的感染者都能好好活下去。科技发达，终会将难题攻克。在这里，感恩所有帮助过我的人！

2016 年 12 月 2 日

在这里，我真的见到了天使

历经小学六年教育，初中三年求学，高中三年苦读，我最终考入了大学。记得很小的时候，总是会有教育工作者问我们这些初入学校的人这么一个问题“你长大后想干什么？”也总会有一些小朋友说着同样的话：“我想当一名歌手，我喜欢唱歌。”“我想当一名老师，因为老师都是辛勤的园丁。”“我想当一名医生，我想要救很多很多的人。”“我想当一名护士，因为她们都是白衣天使。”“我想当……”

我们总是把老师比作园丁，把明星看作一颗颗遥远而闪亮的星星，把护士说成白衣天使。当时很小，我们不懂太多的东西，

胡敏华工作照

而这些比喻似乎也成了司空见惯的事情，并没有什么新奇。而长大后，我们渐渐感觉那些星星并非那么耀眼，也理解了“园丁”的辛苦。最近，我觉得，我见到了真正的天使。

默默无闻的人太多了，当你发现生活中那些默默无闻奉献着自己的人时，你会莫名觉得一阵感动，那种感动不同于亲人给你的感觉。

我相信病友们都或多或少在医院里待过一段时间，在医院的日子里，四周都是白墙，每一天都像是一个不断重复、周而复始的循环。这些因素使得我们不得不变得敏感起来，渐渐放大所有感受。我很感谢同病房的病友，他们让我及我的父母逐渐变得开朗起来，心态也好很多，不再郁郁寡欢。当然，我也很感谢父母的陪伴，以及其他亲人的看望和鼓励。

一天下午，我一个人静下来的时候，看见护士站的护士一直在忙碌，她们不断安抚患者和家属，有时还会帮忙处理家庭矛盾，心里就忽然被触动了。那是一种从来没有过的感动，我也不知道为什么会这样。按理说，生过的病大大小小也算不少，来到这个医院前也去过别的医院住院，可是偏偏在这里感受到了一种感动。可能在这里患者就是患者，并没有什么特殊的。

我记得有人问过一名护士这样一个问题：“你们不怕吗？”她是这么回答的：“怕还是怕的，特别是打完针之后发现手上不知道什么时候多了一个伤口时，真的还蛮慌张的。”她们是那么真实，又那么坦诚。她们很多人在这个岗位干了很久，三年的、七年的、八年的都有，我忽然就理解了她们的不容易，为她们难能可贵的坚持而感动。

所以，当一些不理解护士的人在辱骂她们或者大声叫嚷的时候，我真心为她们难过。护士们总是因为过度劳累而疲惫不堪，以至于本人与护士栏上贴的照片差了很远，有时看看觉得蛮逗趣，可仔细想想，却觉得那份憔悴正是她们辛劳时光的体现。

最后，我想给所有的护士、医生们说一句发自内心的“谢谢”。因为你们，我才明白了“白衣天使”的真正含义。

2016 年 12 月 7 日

当坏事情发生，我学会了珍惜现在

我是个外地人，因为读大学来到了南昌。记得那是2016年国庆节期间，我没有回家，一个人待在学校里。忽然有一天，我看到了学校里的献血车，就心血来潮去献血了。当时还挺开心的，没想到十多天后，忽然有疾控中心的人员打电话，让我带上自己的身份证或学生证去一趟疾控中心。我心里顿时就有了一种不祥的预感，觉得自己的血液可能查出了问题，于是立刻去了疾控中心。

在疾控中心，一位姐姐般的工作人员把我叫到一个房间，问了我好多问题，然后给了我确诊单。拿到确诊单后，我愣住了，脑子里一片空白，想起之前的种种，悔不当初，最终忍不住掉下了眼泪。我怎么面对爸爸妈妈？以后怎么办？我的生活、学习和未来是不是就完了……

我在那里哭了一会儿，那位姐姐和我说了好久的话，给我介绍了国家的支持政策和提供的一些免费药物，安慰我说基本不用花什么钱，只要积极配合治疗吃药就好了，我的心才慢慢平静下来。登记完了信息之后，她让我有时间去做CD4，还给了我"彩虹之家"志愿者晓谭的电话，我丝毫不敢耽误，回到学校就立刻打电话给晓谭。

那天晚上，我在电话里又哭了，我不是担心自己，而是担心爸爸妈妈以后没人照顾，担心他们受不住白发人送黑发人的打击。我给晓谭说了自己的顾虑之后，晓谭非常耐心地向我讲解了这种病的相关情况。让我有时间去第九医院找他们，因为那里有志愿者、有“彩虹之家”。

我拿着转介单去了南昌市第九医院，见到了晓谭和胡护士长。他们非常耐心地向我讲解，给我做心理疏导，差不多过了一个月，我的心态基本就调整过来了。但是当我在11月份开始吃药时，由于刚开始不太习惯，也可能也是心理作用或者是药物作用，我开始变得抑郁、颓废，每天只想睡觉，不想和任何人说话。可只要闹钟一响，我会立刻服下那天拿到的药。同学都感觉我有心事，渐渐有点疏远我。我很难过，又不想告诉他们实情，只能自己承受，经常一个人偷偷哭泣。

后来，我决定和晓谭及别的感染者聊聊天，以排解自己的心理压力。最让我记忆深刻的是，有一天去晓谭家里，他和我聊了好久好久，聊了好多事情，让我感觉自己还是幸运的，不应该放弃生活，应该多想想爸爸妈妈，要坦然面对现实。听了他对我的疏导之后，我对生活更有信心了，不会像以前一样胡思乱想了。胡护士长对我也很好，很关心我。记得她第一次看到我，便问我穿着裤子露出脚踝不冷吗，让我十分感动。此外，志愿者小熊、老夏都对我很热心，我每次去，他们都很热心地帮助我，和我聊天，我感觉心里舒服多了。现在，我坦然了好多，不再像之前那样整天闷闷不乐，也不再去刻意关注那些信息，似乎已经接受了事实，毕竟自己都成年了，有些事情必须要自己扛了。如今，我已吃了一个半月的药，身体状况比之前好很多，我特别注重饮食和锻炼，永远把吃药放在第一位，从来不曾漏服。

在这里，我也想告诉那些新的感染者：感染后，不能总想着我们怎么这么倒霉、怎么这么不幸，应该多想想好的一面，多和正能量的人和群体打交道，多思考以后应该怎么办。我们得相信现代医学的发达，相信自己一定能够战胜病魔，过上和正常人一样的生活。当然，这需要我们正确地面对疾病，才能顺利地度过这段最艰难的时期。

回头想想，这段时间其实成长了不少，算是不幸中的幸运。我已经明白，必须做好当下应该做的事情，这样每一天才会更有价值和意义。更何况，只要按时吃药，我们能和正常人一样学习、工作、恋爱、结婚生子、孝敬父母……我们可以做很多想做的事。而相比以前，我们会更加珍惜现在所拥有的一切，不是吗？

2016 年 12 月 7 日

若不能直达目标，那就选择迂回前进

取药那天，我遇到了一位特别有爱的医生，向她诉说了自己的感染经历、当下遇到的困难和内心的恐惧等，回到家后泪水倾泻而出，哭了个昏天暗地。半个月以来，我的心情时好时坏，时而充满希望，时而万分绝望，整个过程让人痛苦不堪，好在医生姐姐给了我宣泄的窗口和宽慰的劝告，让我重新看到了希望，走出了心灵误区！

医生姐姐充满爱意的一个握手，融化了我抑郁已久的心，她最后的谈话富有哲理，逻辑缜密，专业又友爱，让我不得不产生共鸣，感恩遇到她。

每个人都有自己的人生规划，至少有美好的期待，但是并不是所有人都能够按预期推进。就像艾滋病病毒，我从没有想到它会“光顾”我，就像买彩票中了大奖一般，既然中了，就只好面对，不想面对也得面对。工作丢了，还有其他机会，既然不让我直达目标，那我只好迂回前进，大不了5—10年后重新回到喜欢的岗位，当然前提是足够优秀！

我相信因果，相信爱情，更相信命中注定。我没和她说我感染的事情，因为不想让她承受这份负担。退一步说，缘分到了自然会喜结连理，人生的路很长，万一不行也不必强求。

至于心灵方面，我读了二十多年的书，最大的收获就是在自己喜欢并从事的领域小有成绩，学会了做人做事的基本道理，知道了凡事从多方面想想。即便如此，我有时还是会一叶障目，目光也不够宏远，习惯了规矩的生活，不太想改变。但人生哪有那么如意，不过是兵来将挡水来土掩。修行吧，就当是“天将降大任于斯人也，必先苦其心志，劳其筋骨……”其实，直到今天我才明白了这句话的另一番韵味，我会继续爱生活，爱自己、爱他人，余下的交给时间、交给生命。

感谢朋友的推荐，让我找到了爱心医生姐姐，找到了重生的勇气。感谢为我解忧的艾友，希望大家努力生活，按时吃“糖”，活得更像样！

2018 年 8 月 29 日

人间有爱，注定有希望的种子

我相信，大多数艾友都经历了体检—确诊—木讷—彷徨—轻生—梦幻—希望等阶段。其实人生就是一场修行，你不知道上天会对你作如何安排，当你看透了生活的苦难，却依然对它充满热爱，这便是得道！

最近，收到了很多艾友的鼓励和祝福，非常感谢你们！在深陷磨难的时候，很幸运地得到了护士长胡敏华姐姐的悉心关照！当看到她在微博上对我的经历写出的评论时，我忍不住哭了出来。有一次，母亲的电话打了过来，听到她电话那头的声音那么疲惫、那么无奈，我心如刀绞，我不能责怪她，也不知道怎么安慰她。这一切，我只能和胡姐姐讲。

我：十分感谢您对我的鼓励！

胡姐姐：加油！没事的，工作慢慢来，一切都会慢慢好起来的！近期目标是保持健康的心态，然后再言其他。好好配合治疗，保持良好的依从性，人生会如常。

我：虽然命运对我开了个玩笑，但我会积极面对。我明天会去体检，顺便取“糖”。

胡姐姐：病魔的力量，有一半是来自于我们的烦恼与忧惧。既然已经如此，不如坦然面对，放松心情。害怕恐慌永远解决不了任何问题，只有积极去面对、去处理各种状况。每个病友都会经历这个痛苦的过程，但坚持住，一切都会过去的。换个角度来看，每一个逆境，都会帮助我们认识到自己欠缺的地方，都是在磨炼耐心、考验初心。

我：嗯嗯，我现在很担心我的未来。现在患了这个病，为了治疗，我已经辞掉了上一份工作，不知道将来，以我的条件还能不能找到合适的工作。

胡姐姐：往事不可追。现在最重要的是好好治疗，做好现在该做的事！

我：今天一个国有企业收了我的简历，但是他们让我先去体检，我没敢去。

胡姐姐：先休息一段时间，开始抗病毒药物治疗。别担忧，面包会有的，一切都会有的！

我：我得好好活着，为了父母也要活着！

胡姐姐：你身体状况挺好的，不用担心，要及时开始抗病毒药物治疗，保持良好依从性，做好自我健康管理！

我：好的，谢谢您！

一位充满爱心的护士长，一个新确诊的艾友，天各一方，让我深切地感受到爱的力量！很多话我不敢和父母、家人说，只能和胡姐姐说！写这些不是为了说明什么，只是想记录下生活的点滴，记录下希望重新燃起的瞬间。

我遇到的问题，各位新艾友同样也会遇到，既然命运如此安排，我们只好全力以赴：每天按时吃药，不喝酒，不吸烟，不熬夜、不去人群密集场所……只要不放弃，我们可以和正常人一样生活。

记得《史记》的作者司马迁忍辱含垢，出狱后发奋继续完成所著史籍，“究天人之际，通古今之变，成一家之言”，前后经历14年，最终创作出中国第一部纪传体通史《史记》。

记得易卜生曾说：“你最大的责任就是把你这块材料铸造成器。”把自己精雕细琢铸造成器必将经历磨难，但即便我们已有瑕疵，也是不影响成为器的。

感染艾滋病病毒后，我们的生活注定充满挑战，海燕喜欢在暴风雨中飞行，那我们也不能自甘堕落。其实，只要能活着，就是幸福。今生有爱相伴，来生注定拥有希望的种子！感恩亲人、朋友，感谢你们将爱撒向人间！有你们真好！

2018 年 8 月 29 日

把今天的事情做好，让你们因我而幸福

十月来临，即将开启国庆长假，工作、学习都可以告一段落了。从确诊感染艾滋病病毒到第一次取药，这一个月飞速运转，心情历经跌宕起伏后如今也整理得差不多了。

昨晚坐车和朋友去吃火锅，偶遇年轻司机小伙，20 分钟车程都在听他通过功放和姐姐谈妻子出轨、不顾家的事情，留他辛辛苦苦带着 5 岁的女儿，感觉着实不容易。一路上我一言未发，下车前本想和他说一句"其实健康地活着就是最大的幸福"，可话到了嘴边没说出来，关上车门而去。

说来也巧，上周有一个培训，一起参加培训并同一寝室休息的小伙子干练、聪明、帅气，相处几天后才知道他 15 岁患病，余生的每个周末都要去医院打针。我何尝不想告诉他我每天都要吃"糖"，但是我怕说了他会选择换房间，甚至踉踉跄跄地结束培训，因此没敢吱声。我们两人和健康的人相比是不幸的，但是和更不幸的人相比又是幸运的。他说自从得了这个病自己也不知道能活多久，也不知道医生的话是安慰还是事实，但是他总会告诉父母他很好，没有影响生活。是啊，我根本看不出他是一个患病的年轻人，看着他放松的心态，我浑然忘记自己也是一名病人。

儿时的梦想直到今天也没有实现，毕业后三年的规划看来也未必能实现，才发现原来能实现梦想的人是如此可爱、可敬。看着同学带着刚刚入学的大学生军训、谈理想，好生羡慕！

最近也有艾友在微博询问我确诊后非常苦恼该怎么办，我基本都会错开话题谈意志，从抑郁中走出来的我不想再一次陷入抑郁，这不是逃避也不是冷漠，因为这是对待生活的正确态度。一个人没有了意志就等于失去了理想，没有了理想价值观就要重塑，做好每天该做的事，要么赚钱，要么健身、要么会友……

身体、工作、婚姻都很重要，父母、孩子、朋友都有安排，我能做的就是把今天的事做好，然后争取让他们比我幸福！

2018 年 9 月 29 日

为人民的生命保驾护航

——第 48 届南丁格尔奖章获得者胡敏华接受媒体采访

一、胡主任，首先恭喜您荣获国际护理界的最高荣誉——南丁格尔奖章！昨天，您在人民大会堂受到国家领导人接见并受奖，请问现在有什么感言？

首先，谢谢您的祝贺！我作为一名来自基层的共产党员、护理工作者、志愿者，有幸能够代表成千上万的基层护理工作者、志愿者获得护理界的最高荣誉——南丁格尔奖，并受到国家领导人的接见和嘉奖，我非常激动，可以说心潮澎湃，也倍感振奋。

其次，“人民对健康的美好需求，就是我们医护人员努力的方向。”接下来，我将牢记国家领导人的嘱托，珍惜荣誉，再接再厉，与全体护理同仁和志愿团队一道，携手并肩，继续弘扬“南丁格尔”精神和红十字理念，一如既往尽职尽责，用最平凡的坚守践行“全心全意为人民服务”的宗旨，为人类的健康事业奉献自己的光和热！

最后，在这里，我要感谢各级党组织多年来的关怀和培养，感谢全省卫生健康系统和红十字会组织对我工作的帮助和指导，感谢护理前辈们给予我的榜样力量，感谢江西护理同仁和红十字志愿团队的一路同行、无私奉献。这份荣誉属于我省共同奋斗、携手成长的红十字团队，以及我们所照顾的病友！

二、20 世纪末，在那个谈“艾”色变的年代，南昌市第九医院被确定为江西省艾滋病治疗中心后，您为什么会主动请缨到艾滋病病房做护理工作呢？

2000 年 12 月，我所工作的南昌市第九医院被确定为江西省艾滋病治疗中心。那时，艾滋病还是个陌生、遥远、抽象的名词，大家对它的认识只有两个字：可怕。

当时，由于我具有妇产科和感染科工作的经验，医院领导征求我的意见，问是否能到艾滋病门诊工作并担任护士长？我想，再危险可怕的工作也得要有人做，所以就毫不迟疑地答应下来了。

在那个年代，艾滋病防治工作在江西尚处空白，一切都要从零开始。

2001 年，我有幸参加了在香港举办的“艾滋病预防与控制”培训，真正接触到了艾滋病患者，也认识到了艾滋病患者并不像人们想象的那么可怕。那次培训，所学到的护理理念与技能，帮我树立了信心，也使我坚定了从事艾滋病护理工作的信念。

三、真正走在艾滋病患者护理前线，是什么感受？有没有后悔当时的“冲动”？

当初，我们选择了护理专业，就是选择为患者付出，不管是什么样的患者，我们都要用心、用爱呵护，让患者得到应有的照顾、关爱。

在工作中，我印象最深的是 2010 年，一名叫“秋梅”的患者，她的丈夫因吸毒被关进监狱，一双儿女先后被艾滋病夺去了幼小的生命，千疮百孔的家庭让秋梅一心求死，拒绝治疗。我每天照顾她的日常，对她的抗拒深感痛心和无奈，就在微博上记录下她的遭遇，引起了媒体的关注。很多爱心人士给秋梅捐款，并鼓励她坚强地活下去。一家媒体还联系到监狱方面，让秋梅的丈夫来到医院……那些天，秋梅的脸上露出了许久未见的幸福笑容。当时的场面让我很感动，我想我的努力没有白费。

四、胡主任，您和“艾滋病”结缘后，一干就是20多年，被艾滋病患者亲切地称为“守护天使”。多年的艾滋病护理工作，让您觉得做好艾滋病护理工作的关键是什么？

第一是尊重。每一个艾滋病患者都像一部书，写满了心酸与苦楚。患者需要得到尊重，艾滋病患者更加需要受到尊重。很多时候，只是简单地给他们一个握手、一个拥抱、一起吃一顿饭，就能打开他们的心扉。

第二是共情。奥地利精神病医生、心理学家阿德勒说：“共情就是穿上病人的鞋子来感受与观察病人的体验”。为了建立与患者之间的信任，促进顺畅的沟通，我会尽量站在患者的立场上去思考问题、处理事情。比如，开展艾滋病同伴教育时，我会优先发展身边依从性好的艾滋病患者成为同伴教育员，因为只有艾友彼此之间才最了解，最能体会彼此的感受。

第三是关怀。爱是会回流的，当我们从内心给予患者关怀和帮助，他们也会发自内心地对我们认可和尊重。这也是一直让我感动和温暖的地方。给出关怀，有时只需要理念上的一点点改变。我们护理人员可以给予患者的东西很多，有适时的开导、耐心的护理、专业的指导、真诚的微笑、善良的感化，等等。只要用心，患者立刻就能感觉到。

五、胡主任，在几十年的护理生涯中，您有什么体会和感触？

1. 共情让我懂得了护理的真正价值。我在卫校学习期间，父亲因患重病住院。当时的我虽然已经是一名护理学校学生，但是还没有任何的临床经验，看着卧床不起的父亲，我束手无措，不知道该做些什么为父亲减轻痛苦，哪怕只有一点点痛苦。在我和母亲最伤痛、无助时，医院的医护人员来到了我们身边，想尽办法为父亲医治，安抚我和母亲，指导我做些基础护理工作，好让父亲在病床上更舒适一些。他们的帮助让我终生难忘，也让我懂得了护士的工作不仅仅是打针喂药。真心沟通、真情帮助，让患者感受到人间的温暖和人格被尊重才是护理的真正价值所在。

2. 沟通让我体会到与患者交心的必要。记得有一位因吸毒感染艾滋病的患者，坚决不肯配合治疗，经常举着带血的针头恐吓护士！面对这样的"问题"患者，大家都一筹莫展。有一次，我去病房看他，发现他在打电话，语气异乎寻常的温柔，仔细听来后知道那头是他的孩子。这让我看到，每个人的内心都有一处最柔软的地方，而这位患者最柔软的地方就是孩子。看他打完电话，我笑呵呵地跟他聊起来："我也有一个正在上学的孩子，我懂得爸妈的爱对孩子有多重要。可是，我因为忙没有太多时间照顾他，而你也因为要治病同样没时间照顾孩子。可是孩子不会怪我们的，因为他们知道我们是在做必须做的事。尤其是你，只要你好好活着，孩子就不会缺失父爱，他就是一个幸福的孩子。"听完我的一番话，那位患者居然哭了，之后也配合治疗了。

这件事让我明白人与人之间需要心与心的沟通，对待患者尤其需要用心去交流。艾滋病患者特别害怕别人的歧视和忽视，有的人自卑，有的人绝望，还有的人会用蛮横的盔甲来武装自己，去掩饰那颗易碎的心。如果我们都能理解到这一点，就知道该怎样去对待患者了。

3. 榜样的力量是无穷的。卫校班主任陈淑英老师给我们上第一堂课时，提到她很佩服章金媛（江西省南昌市第一人民医院护理部原主任，第 39 届南丁格尔奖章获得者）主任，这让我印象很深刻，非常想要见识这位章主任。很幸运，我实习的 4 个月、参加工作后的第一年进修的 8 个月时间，都是在南昌市第一医院章金媛主任的指导下度过的。章主任是我职业生涯启程阶段的榜样和楷模，她给予我的引领、指导、帮助和支持伴随我一路成长。在志愿服务中，我又有幸认识了邹德凤主任，她的“超级义工”精神让我钦佩不已，是我们志愿者的标杆。

这么多年来，我切身感受到榜样的力量是无穷的。当我在工作中犹豫不定考虑是否要坚持时，是章主任和邹主任两位老前辈几十年如一日的执着精神坚定了我的脚步。当我工作中遇到困难不知如何推进时，章金媛主任的敏锐思想又在我的耳畔想起，给我指明了方向。在两位老前辈强大的正能量和人格魅力的感召下，我和队友们会坚持在护理和志愿服务的道路上前行，为人民的生命健康护航！

4. 同行的专业精神让我受益终生。2001 年，我有幸参加了由中国性病艾滋病防治协会与香港艾滋病基金会共同举办的“艾滋病预防与控制——关怀与护理”培训学习。虽然只是短短的八天时间，却让我了解了一个全新的领域，真正认识了艾滋病，掌握了普及性防护原则。而香港同仁的专业精神以及他们给予患者“家”的温馨和温暖，更让我领悟到专业精神的真谛，这些都让我受益终生。我认识到只有具备了专业精神，才会追求精益求精，不断地学习与研究，执着地追求服务对象的满意。

5 . 患者的需要鼓励我前行。说回 2010 年我护理的那个叫“秋梅”的患者，她的丈夫因吸毒被关监狱，一双儿女先后于 4 岁和 8 岁时被艾滋夺去了幼小的生命，她自己也查出染有艾滋病……当时这位患者的遭遇让我感到非常的痛心和无奈，我将这些无奈含泪写在了微博上：“我无法想象这么些年来你如何熬到比苦更苦！为了爱你的人，你也爱一回自己——请珍惜来之不易的生命，好吗？”

当时，我只是想把一个患者的苦难和一个医者的无助宣泄出来，没想到却引起了媒体的关注。很多爱心人士给秋梅送来了捐款，并鼓励她坚强地活下去。一家媒体还联系到监狱方面，让秋梅正在服刑的丈夫来到医院……秋梅“走”的时候很幸福，这让我认识到患者的需要就是我们开展人道关怀的切入点。每个艾滋病患者都像一本书，他们痛苦不堪的呻吟，恐惧无助的眼神，悲伤无奈的言语……都是求助的信号，让我想要尽一切努力去读懂，并为他们服务更多。

六、胡主任，请您介绍一下您的家庭，他们对您从事艾滋病护理工作支持吗？

我家有 4 口人：母亲、先生、儿子和我。可以说，这么多年来，家庭一直是我护理事业的坚强后盾。

母亲是最担心我的人。她是一名老党员，同时也是一名医务工作者，对于我工作的危险性，了然于心。不过，她还是尊重我的选择，默默地支持我。她总是提醒我工作中要特别小心，在照顾好患者的同时，也要照顾好自己，还同我一道参加社区志愿服务，给居民讲解防病知识，做健康指导。

母亲最懂得我，她说我的工作有很多的不容易，与其站在远处为我担心，不如和我站在一起，这样心里会更踏实。她说当看到越来越多患者的笑脸时，她和我一样感到非常的开心。

我的先生对我一直是支持的，在我科里收治第一位艾滋病患者的时候，正巧他也遭遇车祸，左手骨折，当时在别的医院住院，我都没有时间陪在他身边，只是给他送过一次饭。出院后，他的左手功能恢复都不是那么完全，为此我也着实愧疚了一段时间。毕竟我是专业人员，如果能在他身边多照顾一下，兴许受伤的手会恢复得更好一些。但是他并没有因此埋怨我一句，他知道医院的患者同样需要我。

我的儿子从小就比较自立，不需要我太操心。从他很小的时候起，我就没有多少时间陪伴他，大概他也习惯了我不在身边。我对他就好像拉风筝一样，偶尔抽出一点时间，电话里交流些思想，拽一拽那根连着风筝的线。我很欣慰的是，他自己一直成长得很好，现在已经从北京大学博士毕业参加工作了。

对于家庭，我既感激又愧疚，这也应该是很多医护人员共同的感受。

七、胡主任，您不仅是一位优秀的护理主任护师，而且还是一位优秀的红十字志愿者，请您介绍下您志愿服务的经历和感受。

习近平总书记说："红十字是一种精神，更是一面旗帜。"在参与、组织和开展志愿服务活动中，我感受到了人道的力量，感受到爱和奉献的价值。

2003 年，我加入江西省红十字志愿护理服务中心，成为一名护理志愿者。在时任中心主任章金媛的引领下，利用双休日和节假日等业余时间为艾友提供心理咨询、健康指导等服务，同时也参加社区志愿护理服务，为孤寡老人、残障人士提供进家门的居家护理和保健咨询等。

在日常工作中，我发现艾友们往往因孤独而更加绝望，他们需要倾诉，渴望宽容与接纳。因此，2003 年，我牵头在医院开设了"温馨家园"，定期举办健康沙龙，组织艾友交友谈心，开展心理疏导和咨询服务。后来又依托"温馨家园"设立了创新工作室，先后被省、市两级总工会命名为"劳模创新工作室"。

2010 年，为了沟通更加便利高效，帮助更多艾友，我开通了新浪微博"与艾滋病为邻"，为全国乃至世界各地的艾友提供咨询服务。后来又开通了"与艾滋为邻"的微信公众号，传播艾滋病防治科普知识。目前，微博、微信粉丝有近 10 万人，累计在线帮助了上万名网友。

2021 年，在南昌市红十字会的指导帮助下，正式成立了南昌市红十字敏华志愿服务队。服务队成员有1000多人，主要是医生、护士、学生和社会爱心人士等。志愿服务队通过健康沙龙、网上交流等线上线下方式开展抗艾防治宣传、艾友慢病管理、诊疗转介等，同时我们还与养老机构对接，通过医养结合，为社区老人提供专业的康养服务。

我本人于2004年捐献造血干细胞检测血样，2018年签署了捐献角膜志愿书，是江西省红十字会莲丝信使。

今后，我将号召更多的专业人员和爱心人士加入志愿服务的队伍，弘扬“人道、博爱、奉献”的红十字精神，共同建设一个和谐美好的社会。

八、作为南丁格尔奖章获得者和红十字志愿者的优秀代表，您对发扬南丁格尔精神，带领更多人参与和做好志愿服务有何打算？

一是壮大志愿者队伍。一方面引领吸纳更多的医护人员加入南昌市红十字敏华志愿服务队，为服务对象提供更专业的健康指导，另一方面要吸纳更多的社区群众、爱心人士，为艾友们营造充满温暖和关爱的社会生存环境。

二是拓展服务平台。以“温馨家园”为平台，创新开展各类线上、线下活动，为艾友营造轻松交流的环境。开发微信公众号等网络平台功能，拓宽服务艾友的线上渠道。加强与国际、国内各界公益组织和抗艾专业机构合作，整合优势资源，为艾友就医、生活及就业等方面提供帮助。

三是提高宣教专业水平。根据不同人群特点，开发适宜的艾滋病防治宣传教育材料，提高信息的可接受性和可及性，提高宣传教育的针对性。发挥社会公众人物影响和互联网等新媒体作用，开展艾滋病疫情信息交流与警示、感染风险评估、在线咨询等活动，增强宣传效果。

四是创新社区服务模式。加强与社区养老机构的合作，在现有

“医院＋养老机构”的模式基础上，发挥医院的专业优势，进一步创新服务模式，探索扩大服务范围，丰富服务内涵。参与互助友爱社区建设，探索在社区建立天使爱心驿站，为广大社区居民提供更多的专业暖心服务。

九、作为新时期的中国南丁格尔，您将如何传承南丁格尔精神，提升护理服务，服务公共卫生事业？

公共卫生服务对增强公民身体功能，强化国民生活质量和身体水平都有着重要的意义和深远影响。下一步，我将从三个方面继续努力。

一是推进医防结合，大力开展健康教育宣传。医防结合是当前解决公共卫生问题的迫切需要。医防结合，预防为主。健康教育在疾病预防中发挥着重要作用，通过有组织有计划的健康宣教，指导人们学到卫生知识，形成卫生观念，自觉地采取有利于健康的行为，从而预防疾病，促进健康。

二是推进医养结合，积极参与健康养老服务。“养老院＋医院”是养老服务趋势，也是现代养老院的新型模式。几年前，我所在的医院已经与附近的养老机构建立了合作，我们志愿服务队也定期到养老中心提供专业的老年介护服务。下一步，我们将进一步创新服务模式，扩大服务范围，丰富服务内涵，将医院的优势资源更多地融入养老机构，让更多的老年人得到更多的专业服务。

三是整合社会资源，助力全民健康管理。充分发挥医院的专业资源优势，结合艾滋病等传染病专科特点，对内推进医疗、护理、营养、体检等多学科资源整合，促进医院患者慢病管理的持续深入开展；对外推进医院与社会公益组织、社区、学校、疾控以及基层医疗机构的资源整合，多途径广覆盖地为群众开展健康宣教，对患者进行诊疗转介、分级诊疗，形成院内院外协同，医院与基层互动的